NAPOLEON HILL
E MICHAEL J. RITT JR.

A PSICOLOGIA

POSITIVA DE

NAPOLEON HILL

10 PASSOS PARA TER MAIS SAÚDE, RIQUEZA E SUCESSO

PUBLICAÇÃO OFICIAL AUT

CB005927

Título original: *Napoleon Hill's Keys to Positive Thinking*

Copyright © 1998 by The Napoleon Hill Foundation

A psicologia positiva de Napoleon Hill
1ª edição: Outubro 2023

Direitos reservados desta edição: CDG Edições e Publicações

O conteúdo desta obra é de total responsabilidade do autor
e não reflete necessariamente a opinião da editora.

Autor:
Napoleon Hill
Michal J. Ritt Jr.
Fundação Napoleon Hill

Tradução:
Adriana Krainski

Preparação de texto:
3GB Consulting

Revisão:
Debora Capella
Flávia Araujo

Projeto gráfico e capa:
Jéssica Wendy

DADOS INTERNACIONAIS DE CATALOGAÇÃO NA PUBLICAÇÃO (CIP)

Hill, Napoleon.
  A psicologia positiva de Napoleon Hill : 10 passos para ter
mais saúde, riqueza e sucesso / Don Napoleon Hill, Michael
J. Ritt Jr. ; tradução de Adriana Krainski. — Porto Alegre :
Citadel, 2023.
  208 p.

ISBN 978-65-5047-264-1
Título original: Napoleon Hill's Keys to Positive Thinking

1. Autoajuda 2. Desenvolvimento pessoal 3. Sucesso I. Título
II. Ritt Jr, Michael J. III. Krainski, Adriana

23-5486   CDD 158.1

Angélica Ilacqua - Bibliotecária - CRB-8/7057

Produção editorial e distribuição:

contato@citadel.com.br
www.citadel.com.br

NAPOLEON HILL
E MICHAEL J. RITT JR.

A PSICOLOGIA POSITIVA DE NAPOLEON HILL

Tradução:
Adriana Krainski

CITADEL
Grupo Editorial

2023

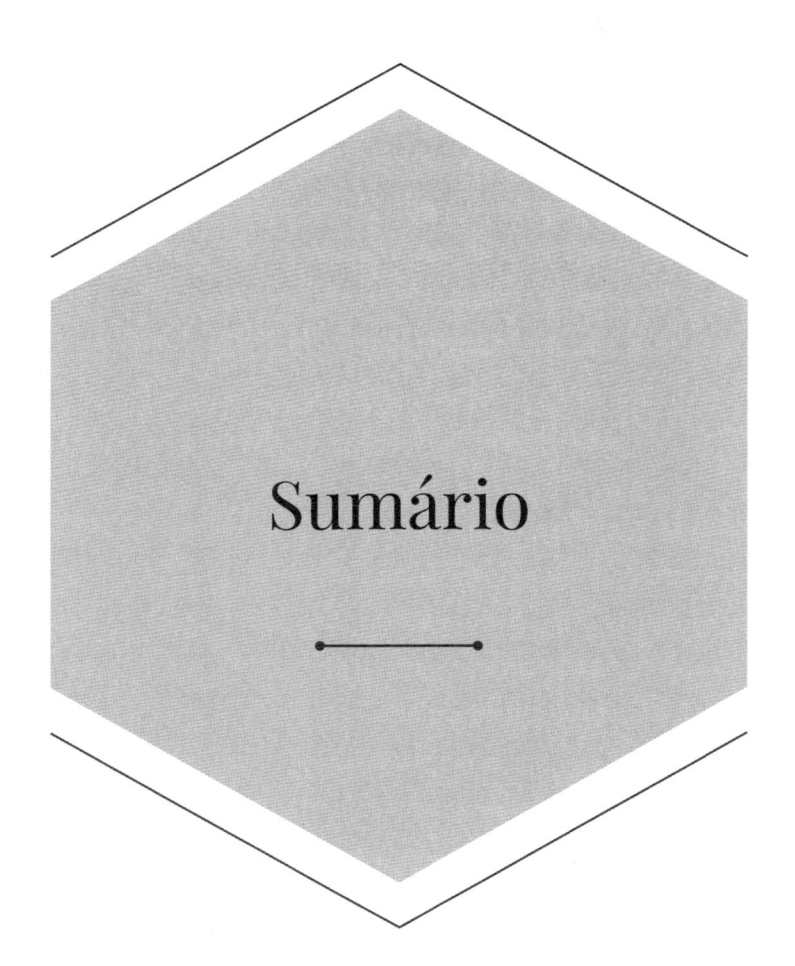

Sumário

Agradecimentos

Em uma carta enviada ao cientista inglês Robert Hooke, Sir Isaac Newton escreveu: "Se eu vi mais longe [do que Hooke e Descartes], foi por estar sobre ombros de gigantes". Isso também vale para mim. Se me atrevo a falar sobre princípios e práticas capazes de mudar a sua vida, é porque a minha própria vida mudou por causa de gigantes que me permitiram observar o mundo sentado sobre seus ombros.

Refiro-me em primeiro lugar a William James, médico, psicólogo e filósofo. Embora eu não o tenha conhecido, foi ele quem proporcionou uma forte base teórica para a Atitude Mental Positiva (AMP). Em segundo lugar, destaco aqui Napoleon Hill, extraordinário pesquisador dos segredos do sucesso, a primeira pessoa a quantificar os princípios da AMP e revelar suas descobertas em livros de autoajuda. Conheci Napoleon Hill e trabalhei com ele por quase vinte preciosos anos. E, por fim, reconheço que devo muito a W. Clement Stone, gigante dos gigantes, que se dedicou incansavelmente a ensinar aos outros o que ele mesmo colocou em prática com tanto sucesso – o incrível poder de uma Atitude Mental Positiva.

– Michael J. Ritt Jr.

Prefácio

Quais são as verdades que você conta para si? Já pensou que existem centenas delas em nosso arquivo mental e as utilizamos sempre que achamos necessário? Vou dar um exemplo bem simples, para te ajudar a visualizar seu padrão mental, já que é sobre isso que esta obra fala. Imagine a seguinte cena: você se olha no espelho pela manhã e não se sente feliz com seu corpo, olha de um lado, olha do outro e pensa que gostaria de emagrecer, estar mais saudável ou simplesmente ter um corpo que considera mais bonito. Essa cena se repete por alguns dias, e a cobrança interna começa a ganhar vida dentro de você. Você, no fundo, sabe que precisa perder alguns quilos, sente dores nos joelhos, a pressão arterial está sempre alta e seu médico também o orienta a perder alguns quilos. A situação vai ficando mais apertada, e suas roupas também.

Então, chega um dia em que você sabe que precisa perder ao menos dez quilos, mas por mais que tente, até agora não conseguiu perder nada. Agora vem a pergunta-chave: qual atitude você toma?

Primeira opção: você diz sempre que poderia ser pior, afinal, poderia estar bem mais pesado e a falta de tempo te consome. A segunda opção é aquela clássica, que a loucura da vida fitness não vai te pegar e, por último, procura um novo método que o mantenha comprometido para que possa melhorar sua saúde.

No fundo, você sabe que a última alternativa é a correta. Ela é considerada uma ATITUDE MENTAL POSITIVA. O restante são apenas verdades que contamos para nós mesmos para aliviar a mente e seguir com os velhos hábitos. O grande problema é achar que teremos resultados novos praticando os mesmos hábitos de sempre. Eu peguei um exemplo simples, mas você pode agora olhar cada campo de sua vida e analisar em qual deles você conta mais "verdades" para se manter na zona de conforto. Te adianto uma coisa, em cada campo que não estiver feliz, te lembro: você merece mais que isso!

Atendi muitos anos em consultório como terapeuta e era comum pessoas chegarem até mim falando muito sobre as coisas que não queriam mais, e quando eu perguntava "o que você quer no lugar de tudo o que não quer mais?", elas não sabiam me responder, ou seja, 100% do foco delas estava somente no que não queriam, no lado negativo de suas vidas.

Uma ATITUDE MENTAL POSITIVA não deixa levar esse tipo de pensamento adiante. A ideia pode até passar pela sua cabeça em algum momento, mas ela não encontra vaga para estacionar. Em *A psicologia positiva de Napoleon Hill* você vai encontrar um método eficaz e muito prático para iniciar uma nova jornada mental positiva. Os efeitos da AMP são automáticos, porém chegar lá requer treino e demanda um processo contínuo de aplicação. Não é simples, não é algo que se desliga ou liga em um botão como em um interruptor.

Napoleon Hill explicava a Atitude Mental Positiva como "um estado mental confiante, honesto, construtivo que uma pessoa cria e mantém usando métodos de sua escolha, ativando sua própria força de vontade, com base na motivação da sua própria adaptação".

Que sua leitura seja cheia de downloads, como eu brinco com meus alunos e leitores – não é mais ficha que cai, agora são downloads que fazemos. Essa obra é cheia de downloads mentais. Afinal, somos uma mente com um corpo e não só um corpo com uma mente. Aquilo que você mais pensa se torna sua realidade. Desejo que a sua nova realidade seja cheia de prosperidades!

– William Sanches
Terapeuta e Escritor
www.williamsanches.com

Introdução

Este pequeno livro pode mudar a sua vida. Ele contém a chave para o seu sucesso: a AMP, ou seja, uma atitude mental positiva. Você poderá viver com uma AMP e realizar os seus sonhos se seguir seus princípios já comprovados, descritos neste guia passo a passo de forma simples e clara.

UMA VISÃO DA TERRA PROMETIDA

A Bíblia nos diz que, pouco antes de Moisés chegar ao fim da vida, Deus o levou ao topo do Monte Nebo e mostrou ao grande líder a terra que pertenceria aos israelitas. Antes de iniciar essa jornada que lhe permitirá assumir o controle da sua vida, você também merece ver para onde está indo. Você vai se despedir de um antigo modo de vida e está prestes a embarcar em um recomeço. A partir de agora, abandonará as velhas formas negativas de ver o mundo, que consomem a sua força, e as substituirá por uma vida cheia de energia, consequência de uma Atitude Mental Positiva. Guarde esta imagem de esperança: a esperança daquilo que a AMP fará por você. Imagine que, a partir de hoje, você:

- Reconhecerá dentro de si um poder criativo dado por Deus.
- Passará a controlar as suas emoções, para conseguir direcionar o seu poder criativo para o seu próprio bem.
- Eliminará todas as atitudes negativas causadas por reações ineficazes que você possa ter tido em experiências passadas.

o Vencerá os seus medos, percebendo que eles podem ter uma influência destrutiva sobre o seu poder criativo se você permitir que eles dominem a sua mente.

o Imaginará apenas coisas boas acontecendo com você, para que o seu poder criativo seja expresso somente em um contexto bom e positivo.

o Não mais remoerá os seus fracassos e as suas tragédias do passado e fará com que eles não se repitam em sua vida.

o Direcionará os seus sentimentos e desejos mais fortes para as coisas que realmente almeja na vida.

o Nunca usará conscientemente o poder criativo da AMP para propósitos egoístas ou malignos, pois saberá que um mau uso pode fazer com que ela destrua você e tudo o que você valoriza.

Desfrutar desses benefícios (seu direito inato como ser humano) será o seu objetivo a partir de hoje. Nada poderá impedi-lo, e o único recurso de que você precisa é o seu próprio compromisso de fazer acontecer.

Como
a AMP pode
ajudá-lo?

Uma Atitude Mental Positiva permite que você desperte a esperança e supere o desespero e o desânimo. Se você conseguir desenvolver e manter a AMP, perceberá que o seu estado de espírito permanecerá íntegro, saudável e produtivo ao reagir às outras pessoas e ao escolher as ações que o conduzirão a todas as coisas que você valoriza na vida. Não é à toa que a AMP é chamada de filosofia do "EU QUERO, EU CONSIGO".

Com a AMP, você vai estar sempre contente consigo mesmo e com os outros. Você terá aquela energia, aquela luz, aquele sentimento interior que o preenche com um sentimento de autoestima e bem-estar. Você atrairá circunstâncias positivas enquanto afasta as negativas.

Os efeitos da AMP são automáticos, mas chegar lá não é. A AMP demanda um processo de aplicação contínuo. Não é algo que se pode usar conforme a própria vontade. É uma parte essencial do seu modo de vida. A AMP deve se tornar um *hábito* enraizado, que você demonstra o tempo todo. Aplicando regularmente a AMP, você pode praticá-la de modo inconsciente, da mesma forma como se aperta um botão ou se amarram os sapatos. Ela deve se tornar tão natural quanto o ato de respirar. Como dizia uma placa na estrada ao norte de Nova York: "Escolha bem a sua rota, você ficará nela pelos próximos vinte quilômetros".

NADA COMO O SUCESSO...

Com quem você preferiria passar o seu tempo?

o Alguém pessimista, desconfiado, mal-humorado, que sempre acha que a única nuvem do céu carrega uma tempestade?
o Alguém otimista, confiante, sociável e sempre pronto para enfrentar os problemas, encontrar soluções e maximizar os benefícios?

Com isso você já pode ver por que a AMP o faz conquistar a amizade e a cooperação de outras pessoas, superar qualquer obstáculo e transformar quaisquer problemas em oportunidades.

Todos nós somos guiados pelos nossos hábitos. Esses hábitos e seus efeitos podem ser positivos ou negativos: só depende das suas escolhas. Você pode escolher não deixar a sua mente ser dominada por pensamentos negativos. Pode tomar uma decisão consciente de substituir quaisquer ideias e impulsos negativos por outros positivos assim que eles lhe ocorrerem. Hábitos positivos automaticamente o influenciarão, deixando a sua mente mais alerta, a sua imaginação mais ativa, o seu entusiasmo mais aguçado e a sua força de vontade mais elevada.

A AMP atrai benefícios como um ímã atrai metais. A AMP atrai pessoas, sucesso e riqueza. Uma visão otimista é algo irresistível. A AMP o protege das dúvidas e da desesperança. Quando uma adversidade bater à sua porta – e elas sempre batem –, você estará protegido do desespero e não será arrebatado pelas circunstâncias. Na verdade, a AMP permite que você veja qualquer situação com mais clareza, para que possa transformar as adversidades em possíveis sucessos, aprendendo com elas e usando esse conhecimento em benefício próprio.

A AMP é a resposta mental correta a qualquer estímulo que os seus sentidos recebam. Com uma AMP ao seu dispor, você pensa direito, age ou reage a qualquer pessoa ou situação do jeito certo. A sua mente e a sua vida são só suas, para você agir como julgar adequado.

A AMP ensina a pensar e agir de maneira construtiva. Pode-se usar a AMP para realizar desejos. Quando você aprende a aproveitar ao máximo o que tem, aprende a agarrar oportunidades onde outras pessoas só veem problemas. Você pode colocar em prática a filosofia de Benjamin Disraeli, o grande primeiro-ministro britânico: "O homem não é criado pelas circunstâncias. As circunstâncias é que são criadas pelos homens".

Uma forma de se treinar para agir com AMP é selecionar um *incentivo pessoal*, uma palavra ou frase que seja significativa para você e o faça lembrar-se do seu compromisso com a AMP e os seus objetivos. Mantendo essa frase ou palavra na memória, sobretudo quando você se depara com uma situação em que uma AMP é particularmente necessária, você fortalece a sua atitude para agir da maneira mais apropriada possível.

COMO ESCOLHER UM INCENTIVO PESSOAL

Você precisa de um incentivo pessoal que reforce os aspectos mais importantes da AMP na sua vida. Se você sabe que tem uma atitude específica que deseja mudar, pode ajustar o seu incentivo pessoal para resolver essa questão.

Como o incentivo pessoal se tornará uma parte importante da sua vida, escolha um que reflita as suas convicções mais nobres. Assim, você sempre será lembrado e inspirado a agir de acordo com elas. O seu objetivo é se tornar uma pessoa *coerente* – ou seja, ser a pessoa que você diz ser.

Algumas sugestões:

Faça aos outros o que você gostaria que fizessem a você.
Eu me sinto saudável, eu me sinto feliz, eu me sinto incrível.
Faça agora!
Tudo que eu posso conceber e acreditar, posso conseguir.
Todo problema contém a semente da própria solução.
Como, e não se.
A vitória é conquistada a cada centímetro, e não a cada quilômetro.
Eu posso. Eu consigo.

Repita o seu incentivo pessoal em voz alta várias vezes ao longo do dia. Diga com sentimento e emoção cinquenta vezes antes de se deitar. Coloque a frase escrita em algum lugar em que você consiga ver: no espelho do banheiro, no painel do seu carro, no seu calendário, na porta da geladeira, na sua carteira. Quanto mais você repetir, mais o incentivo e os valores que ele expressa se tornam um hábito.

PESSOAS QUE CULTIVARAM A AMP

Muitas pessoas contribuíram para o desenvolvimento e o refinamento do conceito de AMP. William James (1842-1910), formado em Medicina por Harvard e posteriormente docente de Anatomia, Fisiologia, Psicologia e Filosofia na mesma universidade, ajudou a desenvolver um sistema de pensamento chamado de *pragmatismo*. De acordo com as ideias desse sistema, são os resultados que importam. O pensamento é um guia para a ação. Se um pensamento não resulta em ações práticas, ele não é útil. James escreveu: "Não tenha medo da vida. Acredite que a vida vale a pena ser vivida, e a sua crença criará o fato".

Os contemporâneos de James respeitavam suas teorias, e ele atraía muitos seguidores. Tinha a convicção de que a vida era uma batalha entre o pessimismo e o otimismo. James se opunha veementemente ao pensamento negativo, pois "ele enche as pessoas de fracassos e dúvidas", dizia. O Universo, segundo James, era cheio de *possibilidades*. As pessoas poderiam melhorar profundamente se abrissem os olhos e procurassem o poder mental que têm dentro de si. James acreditava que cada um de nós decide como será o próprio futuro e que "Tornamo-nos aquilo em que pensamos por mais tempo. A maior revolução da nossa geração é a descoberta de que os seres humanos, ao mudarem suas atitudes mentais internas, podem mudar os aspectos externos da sua vida".

Napoleon Hill (1883-1970) foi outro que carregou o bastão da AMP. Hill passou a vida entrevistando pessoas de grande sucesso, das quais extraiu dezessete princípios que ele amarrou para criar a primeira filosofia prática da realização pessoal. Hill listou tais princípios em diversos livros, como *A lei do triunfo*, *Quem pensa enriquece* e várias outras obras de autoajuda. Hill sempre achou que os homens que ele estudou tinham em comum uma Atitude Mental Positiva. Sobre um deles, observou: "Andrew Carnegie tinha uma obsessão. Ele acreditava que qualquer coisa que valesse a pena ter, valia a pena trabalhar para ter. Eu acredito que qualquer coisa que valha a pena ter e pela qual valha a pena trabalhar, também vale a pena pagar para ter".

Willye White, medalhista de prata nos Jogos Olímpicos, também acredita nisso. Ela é a motivação por trás do Programa Atlético para Garotas Robert Taylor Homes. O programa oferece, a 2.500 garotas que vivem em um complexo habitacional no sul de Chicago, uma oportunidade de melhorar a autoestima por meio do atletismo. Quando as garotas perguntam a White como podem se livrar das amarras da vida nas moradias populares, ela lhes diz: "Há um jeito. A pergunta que eu faço é: qual preço vocês estão dispostas a pagar pelos seus sonhos? Um sonho sem um plano é apenas um desejo!" (O incentivo pessoal delas: ACREDITE, CONSIGA!).

W. Clement Stone, um homem com quem trabalhei por quase cinquenta anos, autor brilhante que acumulou e compartilhou sua fortuna usando e dominando esses princípios, fez uma descoberta profunda quando escrevia, juntamente com Napoleon Hill, o livro *Atitude mental positiva*. A essência da sua descoberta era esta: os princípios básicos do sucesso são eficazes para alcançar objetivos dignos apenas à medida que são constantemente reforçados e alimentados com uma Atitude Mental Positiva.

Esse princípio se tornou o pilar da filosofia de Stone e o tema que perpassa todos os seus escritos. O cenário estava preparado, e a AMP dominou as atenções. Como os exemplos ao longo deste livro irão mostrar, a AMP continua sendo a marca característica de todas as pessoas que conquistaram sucesso duradouro.

O QUE É A AMP?

AMP é a sigla para Atitude Mental Positiva, mas a AMP é mais do que apenas uma visão otimista sobre a vida. Quando você a entender e a aplicar da maneira correta, verá que é, na realidade, um processo de quatro etapas. Ela consiste em:

1. Um modo de pensar honesto e equilibrado;
2. Uma consciência voltada para o sucesso;
3. Uma filosofia de vida universal; e
4. A habilidade de seguir adiante com as ações e reações corretas.

Napoleon Hill definiu a Atitude Mental Positiva da seguinte forma: "um estado mental confiante, honesto, construtivo que uma pessoa cria e mantém usando métodos de sua escolha, ativando sua própria força de vontade, com base na motivação da sua própria adaptação".

W. Clement Stone acrescentou: "Uma Atitude Mental Positiva é o pensamento, a ação ou a reação honestos e *corretos* diante de determinada situação ou série de circunstâncias, ou seja, pensamentos, ações e reações que não violam as leis de Deus ou o direito do próximo, para aqueles que têm AMP".

Stone explicou ainda: "Você é o produto da sua hereditariedade, do seu ambiente, do seu corpo físico, da sua mente consciente e subconsciente, da sua posição específica e da sua direção no tempo e no espaço, e de algo mais, inclusive de poderes conhecidos e desconhecidos. Ao pensar com AMP, você pode afetar, usar, controlar, equilibrar ou neutralizar qualquer um ou todos esses fatores. Você pode direcionar os seus pensamentos, controlar as suas emoções e decretar o seu destino. Você é uma mente com um corpo".

Portanto, o que é a AMP? Analise o significado das três palavras que formam o conceito de Atitude Mental Positiva.

ATITUDE: a AMP depende de atitudes corretas, que são os sentimentos ou humores. A atitude diz respeito aos seus sentimentos básicos em relação a si mesmo ou a outra pessoa, situação, circunstância ou coisa.

MENTAL: a AMP é um poder da mente, e não do corpo. Lembre-se, "Você é uma MENTE com um corpo". O controle se materializa na mente.

POSITIVA: a AMP é uma força ou poder associados a características positivas, como honestidade, fé, amor, integridade, esperança, otimismo, coragem, iniciativa, generosidade, diligência, gentileza e bom senso.

As três letras iniciais juntas – AMP – representam o termo Atitude Mental Positiva, a "cola" que une todas as características positivas, a fonte de poder que permite que uma pessoa realize tudo o que deseja, desde que o que ela deseje não viole as leis de Deus ou infrinja os direitos dos outros. Dito de forma simples, a Atitude Mental Positiva é um estado de espírito que inevitavelmente leva a ações – e reações – corretas.

A AMP é o estabilizador de que todos nós precisamos para enfrentar as tempestades da vida. Em um navio, um estabilizador é um tipo de amortecedor de impacto, uma espécie de giroscópio que mantém as embarcações estáveis em mares bravios. Lembro-me de uma viagem que fiz num mar agitado, mas, por causa do estabilizador do barco, a viagem foi bastante agradável, de forma alguma desconfortável. Em uma viagem parecida, há muitos anos, o barco não tinha estabilizador, e o percurso foi muito, muito difícil. Mas qualquer estabilizador, seja um giroscópio, seja outra coisa semelhante, é inútil se não for usado.

O mesmo acontece com a AMP. Ela deve ser desenvolvida e usada. Pessoas que não desenvolvem uma atitude mental positiva diante da vida e do trabalho se tornam infelizes. Algumas chegam a desenvolver doenças psicossomáticas ou têm crises nervosas, porque são arrebatadas por qualquer turbulência que lhes aconteça na vida. Além disso, todas acabam causando infelicidade aos seus colegas e entes queridos.

Ao desenvolver pensamentos positivos e eliminar os negativos, você passa a ter um estabilizador natural e efetivo muito superior a qualquer giroscópio mecânico. Você passa a ter o poder de dirigir os seus pensamentos, controlar as suas emoções e, assim, comandar o seu destino.

COMO FAZER: AMP EM DEZ PASSOS

O que você aprenderá aqui é uma fórmula simples de dez passos para desenvolver e manter uma Atitude Mental Positiva. Os dez passos não irão simplesmente ensinar conceitos sobre AMP; eles o encorajarão a colocá-la em prática e, assim, torná-la parte da sua vida. Como diz um provérbio chinês sobre o aprendizado: "Quando eu ouço, eu esqueço. Quando eu vejo, eu me lembro. Quando eu faço, eu entendo".

Os dez passos para desenvolver e manter uma AMP exigem mais do que apenas ouvir e ver: eles exigem ação. Se você fizer o que está indicado aqui, a AMP será sua. Os dez passos estão intrinsicamente conectados, e um passo fortalece o outro. Pense assim: toda a literatura na nossa língua é composta por apenas 26 letras. Todas as músicas são compostas por apenas sete notas, e todas as cores se formam a partir de apenas três cores primárias. Pense nisso! Tanto com tão pouco. Se uma letra fosse eliminada do alfabeto, o que aconteceria? E se, por exemplo, você eliminasse a vogal "a" deste livro? Se apenas uma nota fosse eliminada de um concerto, você ouviria desarmonia, em vez de harmonia. Se uma das três cores primárias não estiver presente, você não chega à cor desejada. Se você tiver todos os números do segredo de um cofre, menos um, não conseguirá abrir o cofre. É obrigatório aprender e usar todos os passos para chegar a uma AMP.

Esses dez passos são o cerne da questão, são os fundamentos para que você possa aprender na prática. Cada passo inclui uma sugestão para APRENDER FAZENDO, que o ajudará a incorporar aquele passo específico à sua reconfiguração mental. Cada passo também inclui uma breve AUTOAVALIAÇÃO. Não há pontuação nessas avaliações. Elas foram concebidas apenas para estimulá-lo a analisar a forma como enxerga a AMP e a expandir as suas ideias sobre como ela pode ser aplicada à sua vida. Ao final de cada passo, você também encontrará PALAVRAS DE SABEDORIA, comentários inspiradores de outras pessoas que aprenderam o valor da AMP. Uma dica bônus especial mostrará algo de concreto que você pode fazer para colocar a AMP em ação.

É claro que a forma como usará o método de dez passos depende de você, mas eis aqui um método que pode ser seguido:

1. Inicialmente, leia os dez passos.
2. Concentre-se em um passo por dia, por dez dias, assimilando-o à essência da sua rotina.
3. Repita o ciclo. A repetição é um aspecto importante do aprendizado, então você pode repassar os dez passos inúmeras vezes até conhecê-los a fundo e conseguir aplicá-los de cor.

Outra possibilidade seria dedicar uma semana para cada passo, incorporando a prática às suas rotinas. Ao final das dez semanas, você estará bem encaminhado como um aluno diplomado em Atitude Mental Positiva, um especialista na aplicação, seja em você mesmo, seja em qualquer pessoa, circunstância ou evento que surja no seu caminho.

BENEFÍCIOS ADICIONAIS DA AMP

A promessa de que a AMP pode ser sua traz consigo outra promessa: de que essa fórmula o ajudará a descobrir uma pessoa completamente nova e maravilhosa que está adormecida dentro de você. Você descobrirá um eu interior mais feliz e animado. Seguindo essa fórmula, você pode adquirir e manter uma atitude positiva e alegre ao longo de toda a vida, mesmo ao se deparar com problemas ou dificuldades. W. Clement Stone diz: "Sempre que tenho um problema ou uma dificuldade nos negócios ou em qualquer outra área, me pergunto qual é o lado bom daquilo e, assim, posso descobrir como transformar essas desvantagens em vantagens".

E quando alguém se depara com um problema de verdade, essa pessoa é muito sortuda. Sim, ela é sortuda se adotar uma filosofia de AMP. Com AMP, passamos a ver os problemas como bênçãos disfarçadas. Você saberá que não existe uma pessoa verdadeiramente realizada que não olhe para trás e veja um período da vida em que teve um problema sério e o resolveu de maneira inteligente. É claro que, quando surge um problema sério, pensamos que somos muito azarados. Mas uma das melhores frases de incentivo pessoal, e que recomendo fortemente, é: "Toda adversidade traz consigo a semente de um benefício maior ou equivalente". Dito de outra forma, "Em cada desvantagem há uma vantagem".

Você sentirá o entusiasmo e a emoção de ver que a AMP pode ajudá-lo a conquistar todas as coisas que valoriza na vida. Você só precisa se comprometer a colocar a AMP em prática, e mesmo que a princípio possa parecer estranho, quanto mais você a praticar, mais benefícios colherá.

Por que não começar agora?

Passo um: apodere-se da sua mente com convicção

Há apenas um caminho rumo à AMP: você precisa assumir o controle da própria mente com *convicção*. A sua mente é uma das grandes maravilhas do Universo. O astrônomo, matemático e físico Freeman Dyson fala o seguinte sobre a mente:

> É incrível como a mente entra em nossa consciência natural em dois níveis distintos. No nível mais elevado, o nível da consciência humana, a mente é, de alguma forma, consciente sobre o fluxo dos padrões elétricos e químicos do nosso cérebro. No nível inferior, o nível dos átomos e elétrons, a mente de um observador se envolve na descrição dos eventos. Entre eles há o nível[...] em que os modelos mecânicos são adequados e a mente parece ser irrelevante. Mas eu, como físico, não posso deixar de imaginar que há uma conexão lógica entre as duas formas como a mente aparece no meu universo.
>
> [...]Não me sinto um estranho nesse universo. Quanto mais o analiso e estudo os detalhes da sua arquitetura, mais evidências encontro de que o universo de alguma forma sabia que estávamos vindo.

Dyson acredita que a mente permeia o Universo, mostrando-se tanto no nível da menor das coisas existentes quanto no da maior delas, na atividade dos elétrons e na atividade dos seres humanos. Onde o Universo e a mente se unem, onde a mais ínfima das coisas se conecta à mais grandiosa de todas as coisas, é o ponto em que você pode exercer o controle da sua vida e do mundo ao seu redor.

Lembre-se da observação de W. Clement Stone: "Você é uma mente com um corpo". Você pode direcionar seus pensamentos, controlar suas emoções e determinar seu destino. William James certamente valorizava o poder reprimido de cada pessoa. Trago novamente a convicção dele: "Tornamo-nos aquilo em que pensamos por mais tempo".

Todo mundo tem o mesmo tesouro magnífico: um cérebro e um sistema nervoso. Cada pessoa "normal" (no sentido mais amplo da palavra) herdou o poder de, em princípio, conseguir qualquer coisa que já tenha sido ou esteja sendo realizada. Paixões, emoções, instintos, tendências, sentimentos, humores, atitudes e hábitos estão aí para você se guiar ao seu propósito. Cabe a você decidir a forma como irá usá-los. Assim como ocorre com todos os poderes naturais, todas essas habilidades latentes têm potencial para o bem, mas é o uso que as define como positivas, neutras ou negativas.

No nascimento, esses poderes estão latentes. São como ferramentas em uma loja de ferragens: polidas e brilhantes, prontas para serem usadas, mas incapazes de agir sozinhas. Elas precisam de um usuário. Durante o desenvolvimento que vai do nascimento à idade adulta, as evidências dessas funções tornam-se aparentes nos pensamentos e nas ações. Por causa da ignorância, do medo ou de alguma outra influência infeliz, às vezes muitas delas ficam sem uso ou adormecidas.

Mas independentemente do que você tenha feito até agora na vida, ainda tem o poder e a capacidade de usar as ferramentas da mente de maneira efetiva e eficiente. Você pode direcionar, controlar, neutralizar e harmonizar todas elas: para isso, basta desenvolver uma Atitude Mental Positiva.

O nosso cérebro tem dez bilhões de células – um pouco mais, um pouco menos. Essas células são todas interconectadas e feitas para nos servir. No entanto, nem aqueles mais inteligentes chegam perto de utilizar plenamente o poder disponível. Muitas das pessoas mais importantes da história tinham um QI não muito maior do que a média. Suas conquistas e grandezas se deveram à habilidade que elas tinham de usar e direcionar seu poder mental. Elas tinham quocientes de AMP superiores! As capacidades mentais são ilimitadas, mas cabe a você usar esse poder para pensar de forma positiva, para que elas trabalhem em seu benefício.

APRENDA FAZENDO

Apodere-se da sua mente com convicção

Observação: este é o primeiro exercício prático proposto para você. Dedique a ele um tempo, o tempo que quiser, e repita uma vez ou mais ao fazer todos os exercícios dos dez passos.

Faça uma cópia das frases a seguir e coloque-a em algum lugar em que você certamente verá logo pela manhã. Talvez no espelho do banheiro ou na porta do seu guarda-roupas. Não espere para dizer as frases quando você começar a acreditar nelas; é dizendo as frases que você passará a acreditar nelas.

Acredito que eu sou dono da minha mente.

Acredito que posso me apoderar da minha mente.

Acredito que posso guiar e controlar emoções, humores, sentimentos, intelecto, tendências, atitudes, paixões e hábitos com a intenção de desenvolver uma atitude mental positiva.

Desenvolverei uma atitude mental positiva.

O COMPROMISSO DO CAMPEÃO

A *America's Cup* é a mais prestigiosa competição de vela do mundo. Chama-se assim porque, por 138 anos, foram velejadores norte-americanos que a venceram. Mas em 1983 os australianos surpreenderam o mundo ao ganhá-la.

Dennis Conner era capitão do iate americano que perdeu naquele ano. Mas quatro anos depois, ele e a tripulação a bordo do *Stars & Stripes* levaram a taça de volta para os Estados Unidos. Para isso, Conner teve que superar grandes obstáculos, inclusive a ideia de que ele era o homem que tinha perdido a taça pela primeira vez.

Na essência da conquista de Conner estava o que ele chamou de "compromisso com o compromisso", a dedicação à meta que lhe permitiu concentrar todas as suas energias para construir o tipo de barco e montar o tipo de equipe que poderia vencer. "Ao assumir o compromisso", diz Conner, "você se concentra em um único ato. Há um evento principal no palco central, e todos os outros 'atos' da sua vida precisam acontecer em algum outro lugar."

Assuma hoje o compromisso de se comprometer a desenvolver uma AMP.

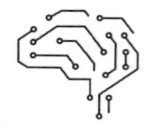

AUTOAVALIAÇÃO

Responda às perguntas a seguir com sinceridade:

1. Você está prestes a se reunir com o seu chefe para conversar sobre um aumento no seu salário. O que você fica fazendo meia hora antes da reunião?
   a. Conversando com colegas para se distrair do grande evento.
   b. Ensaiando mentalmente os seus desafios e sugerindo que estaria disposto a pedir demissão se não conseguir o aumento desejado.
   c. Pensando nas suas realizações ao longo do ano anterior, em como você colaborou para a empresa e nos seus planos para colaborar ainda mais no ano seguinte.

2. A sua filha traz para casa um bilhete dizendo que ela está enfrentando dificuldades em certa matéria na escola. Como você reage?
   a. Dizendo-lhe, "Eu tive o mesmo problema e deu tudo certo. Não se preocupe".
   b. Dizendo que ela precisa estudar uma hora a mais por dia aquela matéria e que, enquanto as notas não melhorarem, ela não poderá participar de nenhuma atividade extracurricular.
   c. Dizendo que é bom conhecer as dificuldades antes que elas tomem maiores proporções. Oferecendo-se para passar a lição de casa com ela, porque você sabe que, mesmo o assunto sendo difícil, ela *conseguirá* entender fazendo um pouco mais de esforço.

3. O seu vizinho de porta tem um novo cachorrinho que adora escavar o seu gramado. Como você reage?
   a. Faz uma careta e diz, "Uma gracinha, não é?".
   b. Ameaça chamar o serviço de resgate de cães se você vir o cachorro no gramado de novo.
   c. Conta ao vizinho o que está acontecendo, dizendo que aquele é um hábito que precisa acabar antes que o cachorro comece a criar problemas mais sérios, e perguntando o que você pode fazer para ajudar.

4. A sua empresa está quase decolando quando um concorrente começa a fazer uma guerra de preços. O que você faz?
   a. Decide encarar a briga.
   b. Diz aos clientes que a concorrência é desleal e que eles aumentarão os preços assim que tirarem você do mercado.
   c. Mantém os seus preços iguais, mas oferece um serviço melhor do que o seu concorrente, sempre redobrando os esforços, para que os clientes saibam o quanto você os valoriza.

Em todas as situações mencionadas, a resposta "a" representa uma tentativa de ignorar um problema ou uma oportunidade em potencial. Não é uma reação baseada em AMP, porque significa que você aceita a situação como algo que não pode ser influenciado. Ter AMP significa que você reconhece que a sua reação à situação, seja boa, seja ruim, é uma das formas mais poderosas para alcançar o sucesso.

A resposta "b" é o oposto da AMP. Em todas elas, você se concentra nos aspectos negativos da situação, preparando-se mentalmente para um conflito e um problema. Você está passando às outras pessoas a mensagem de que espera delas apenas conflitos e problemas. Uma reação baseada em AMP não ignora o que está errado em determinada situação, mas percebe que a melhor saída é buscar soluções, e não mais problemas.

As respostas "c" são as reações baseadas em AMP. Elas preparam a sua mente para que as coisas venham ao seu encontro e passam às outras pessoas a mensagem de que você sabe que aquilo vai acontecer de qualquer forma. Não é uma reação que ignora o problema, mas sim uma que impede que os problemas tomem maiores proporções. Para isso, geralmente você terá que agir de maneira imediata; porém, no longo prazo, demandará menos esforços do que se você deixasse o problema piorar, ignorando-o ou agravando a tensão.

Bônus: durante o dia, quando alguma circunstância, pessoa ou situação ameaçar a sua Atitude Mental Positiva, use esta afirmação para voltar aos eixos:

Eu sou dono da minha mente.

Eu vou controlá-la!

PALAVRAS DE SABEDORIA

"Tudo quanto te vier à mão para fazer, faze-o conforme as tuas forças." - Eclesiastes 9:10

"Se estás aflito por alguma coisa externa, não é ela que te perturba, mas o juízo que dela fazes. E está em teu poder dissipar esse juízo a qualquer momento." - Marco Aurélio

"Aquilo que deseja ou pensa que pode, comece agora, pois a audácia tem em si gênio, poder e magia." - Johann Goethe

"Circunstâncias – o que são as circunstâncias? Sou eu que faço as circunstâncias." - Napoleão

"Os homens nascem para o sucesso, não para o fracasso." - Henry David Thoreau

"Tenha sempre em mente que a sua resolução de atingir o sucesso é mais importante do que qualquer outra coisa." - Abraham Lincoln

"O destino não é uma questão de sorte, é uma questão de escolha; não é algo a se esperar, é algo a se conquistar." – William Jennings Bryan

"Há algo engraçado sobre a vida: se você se recusa a aceitar qualquer coisa que não seja o melhor, geralmente é isso que você consegue." – W. Somerset Maugham

"Em última análise, a nossa liberdade é a liberdade de nos disciplinarmos." – Bernard Baruch

"O futuro pertence àqueles que acreditam na beleza de seus sonhos." – Eleanor Roosevelt

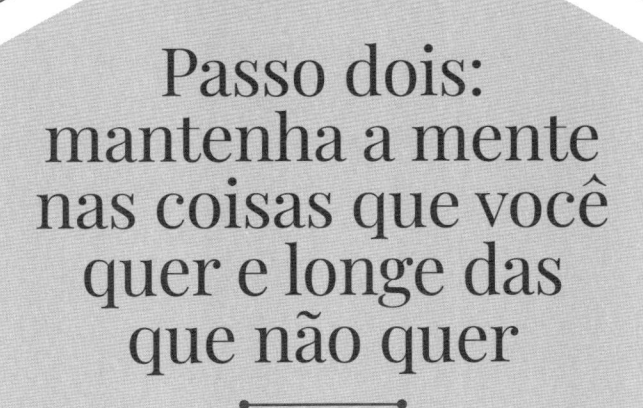

Passo dois:
mantenha a mente
nas coisas que você
quer e longe das
que não quer

A ssim que você se apodera da própria mente, precisa passar a ter controle sobre ela, e a melhor maneira de fazer isso é mantendo-a concentrada nas coisas que você quer e longe das que você não quer.

"Uma imagem vale mais do que mil palavras", diz o velho ditado. Muito do que pensamos acontece por meio de palavras, mas os pensamentos motivacionais mais profundos acontecem por meio de imagens, não palavras. Se você tem uma ideia, é geralmente na forma de uma imagem de algo acontecendo, e não na forma de uma frase que passa pela sua cabeça. Imagens são uma maneira poderosa e imediata de pensar.

A capacidade da mente de criar imagens acontece em um nível muito mais profundo e primitivo do que o da linguagem. A linguagem se desenvolveu entre os humanos há relativamente pouco tempo. Fotos e imagens apelam de forma direta, básica e elementar às emoções e aos sentimentos, enquanto as palavras têm apenas um apelo indireto. As palavras devem primeiro ser traduzidas em imagens para que os níveis mais profundos da sua mente as aceitem e sejam alterados por elas.

Você precisa aprender, portanto, a disciplinar os seus pensamentos e visualizar as coisas que deseja, as características saudáveis que quer adquirir. Suponha, por exemplo, que você sinta que precisa ser mais contundente. Não se contente em *dizer* "eu preciso ser mais contundente". O melhor a fazer é imaginar como você seria se fosse mais contundente. Como seria a sua expressão facial? Como seria a sua linguagem corporal?

Você pode se treinar para agir e reagir com imagens visuais boas, saudáveis e íntegras a qualquer situação, pessoa ou circunstância com que se depare. Ao visualizar o bem em outra pessoa de uma forma real e tangível, você pode ter certeza de que sentirá aquilo. Ao visualizar (com os olhos da sua mente) o resultado positivo de uma situação, você pode fazê-la seguir o caminho até virar realidade.

Acredite: em qualquer adversidade, fracasso, derrota, tristeza ou circunstância desagradável (causada por você ou outra pessoa), existe a oportunidade de reagir positivamente. "Buscai e encontrareis". Você pode reconhecer a semente de um benefício maior ou equivalente, uma semente que crescerá e se transformará em uma bênção ou um benefício ainda maior – se durante o ocorrido, você visualizar aquilo acontecendo.

Algo que ajuda a desenvolver uma Atitude Mental Positiva diante das adversidades é aceitar que o que passou, passou. Você não pode mudar o passado, mas pode influenciar o que acontece no presente e no futuro. Diga a si mesmo: "O que aconteceu foi para o meu bem, e isso é bom!". E então comece a buscar o que você pode tirar de bom da experiência.

EM TODA ADVERSIDADE...

Às vezes pode ser difícil acreditar que más notícias vêm acompanhadas de boas notícias, mas muitas das pessoas bem-sucedidas da atualidade aprenderam muito bem essa lição.

- ○ Chuck Yeager foi piloto de combate e sobrevoava a França ocupada na Segunda Guerra Mundial quando seu avião foi abatido. Ele conseguiu escapar das patrulhas germânicas e, com o seu copiloto, atravessou as montanhas rumo à Espanha, onde finalmente puderam estar seguros. A Força Aérea estava prestes a mandá-lo para casa depois do ocorrido, mas Yeager se recusou a ir. "Sem me dar conta", disse ele, "eu estava assumindo o controle da minha vida. Se tivesse aceitado ser enviado para casa, duvido que a Força Aérea teria interesse em me manter após a guerra." Em vez disso, Yeager se tornou o primeiro piloto do mundo a voar mais rápido que a velocidade do som.
- ○ Terrie Williams era assistente social e trabalhava em um hospital. Ela adorava trabalhar com pessoas, mas se sentia sobrecarregada por causa dos problemas dos outros e estava prestes a sair do emprego. Ela percebeu que o que gostava mesmo era de dar *boas* notícias, e não más notícias, então fundou uma empresa de publicidade que logo conquistou clientes como Miles Davis, Eddie Murphy e Jackie Joyner-Kersee. Ela nunca teria se tornado uma das maiores publicitárias do país se não tivesse passado pela decepção de ver seu primeiro sonho ruir.

Feche as portas da sua mente para circunstâncias desagradáveis ou fracassos que você viveu no passado. Remoer fracassos, decepções ou sentimentos negativos em relação aos outros só faz piorar as situações. Aprenda a deixar sua insatisfação inspirá-lo.

A insatisfação motivacional é aquele descontentamento sublime que, ao longo da história da humanidade, produziu todo o verdadeiro progresso e as mudanças.

A insatisfação motivacional conduz à inspiração, que conduz à ação. É ela que nos motiva a aprender com a derrota, a transformar desvantagens em vantagens e trabalhar cada vez mais para atingir os nossos objetivos, apesar de qualquer obstáculo que possa aparecer ao longo do caminho.

Pense, por exemplo, no caso verídico de um garoto que foi reprovado em quase todas as disciplinas na escola. Na adolescência, ele conseguiu concluir a escola secundária por pura sorte. E, entrando na faculdade, foi reprovado logo no primeiro semestre. Mas aquilo foi bom, porque então aconteceu algo que despertou a sua insatisfação motivacional.

Ele sabia que tinha capacidade de conseguir e, pensando sobre o assunto, percebeu que precisaria estudar muito para compensar o tempo perdido. Com essa nova atitude mental positiva, entrou em um curso técnico. Empenhou-se. Não desistiu e, no dia da formatura, recebeu a honra de ficar em segundo lugar da turma.

Não, ele não parou por aí. Ele se candidatou a uma das maiores universidades do país, muito difícil de entrar, onde os padrões acadêmicos são excessivamente altos. Por causa da sua atitude mental positiva e do seu histórico de conquistas do curso técnico, foi aprovado. E lá também manteve um histórico invejável como aluno de destaque: cada adversidade traz consigo a semente de um benefício maior ou equivalente.

Pense nas coisas que você quer conquistar e nas quais acredita. Use o seu cérebro para pensamentos controlados e otimistas. Apodere-se da sua mente e direcione-a às imagens que você escolher. Não deixe as circunstâncias ou pessoas imporem imagens visuais negativas.

Lembre-se: o ontem já se foi para sempre. O amanhã talvez nunca chegue. Apenas o hoje é seu para que viva.

APRENDA FAZENDO

Mantenha a mente nas coisas que você quer e longe das que você não quer

Pensar em termos de imagens, e não de palavras, pode ser difícil. Este exercício o ajudará a treinar para formar e manter imagens visuais.

Faça uma lista de três coisas que você deseja. Uma deve ser uma característica saudável que você deseja adquirir. Outra deve ser uma melhoria em uma relação com alguém próximo. E a última deve ser um bem material que você deseja ter. Seja específico!

1. Característica:
2. Relacionamento:
3. Bem material:

Pense em cada um deles. Pense em uma maneira de representá-los visualmente. Procure fotos em revistas e jornais velhos que possam simbolizar a imagem mental que você criou.

Use a abundância da sua imaginação criativa para completar esse exercício. As sugestões a seguir são apenas pontos de partida. Imagine que "generosidade" seja a característica de sua escolha, por exemplo. Você pode procurar uma imagem de alguém com a mão aberta e estendida. Se quer melhorar um relacionamento passando mais tempo com alguém, pode procurar a imagem de um relógio. E se o bem material que você quer é uma Mercedes-Benz, procure um anúncio do carro e recorte a foto dele.

Coloque essas fotos em um local onde você as veja todos os dias. Utilize-as como sugestões visuais que ajudem sua mente a formar a imagem mental da característica, da relação e do bem. E então comece a acreditar que você vai conseguir o que deseja!

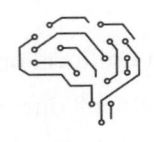

AUTOAVALIAÇÃO

Responda às perguntas a seguir com sinceridade:

1. O seu trabalho como representante comercial o coloca em uma situação desagradável, pois todos os seus clientes tiveram uma experiência negativa com o seu antecessor e estão relutantes em fazer negócios com a empresa. Como você reage?

   a. Age como se nada de errado tivesse acontecido.

   b. Descobre o que aconteceu de negativo com cada cliente e, então, escreve um relatório detalhado ao seu supervisor sobre todos os problemas que você está enfrentando, para que fique claro que você foi colocado em uma situação complicada.

   c. Descobre exatamente o que aconteceu de negativo com cada cliente e usa as informações para garantir que as coisas fluam tranquilamente e que os clientes saibam que você vai se dedicar para que continue assim.

2. O seu filho bateu o carro, e o conserto será caríssimo. Como você reage?

   a. Suspira e diz: "Adolescentes. Ainda bem que temos seguro".

   b. Proíbe-o de dirigir e diz que, por causa da irresponsabilidade, ele ficará de castigo pelos próximos seis meses.

   c. Diz que ele terá de arranjar um emprego para pagar pelo conserto e, assim que conseguir pagar, poderá usar o carro novamente.

3. Você participa de uma associação que está organizando um brechó para tentar arrecadar fundos para uma instituição beneficente local. Duas semanas antes do evento, você percebe que ainda não conseguiram arrecadar muitas peças. O que você faz?

   a. Torce para que as coisas melhorem nos próximos dias.

   b. Liga para a instituição beneficente e diz para não esperarem muito. Liga para os outros membros da associação e prevê a decepção, para que eles se acostumem com a ideia.

   c. Liga para uma lista de potenciais doadores e diz que eles podem fazer algo incrível pela comunidade. Pergunta se você pode ajudar, coletando as doações, e quando pode passar para retirá-las.

4. O seu médico diz que você está com a pressão arterial no limite. Você pode começar a tomar remédios ou mudar o seu estilo de vida para tentar baixar a pressão. Como você reage?

   a. Ignora o conselho.

   b. Toma o remédio, pois as orientações sobre alimentação mudam o tempo todo, e você odeia seguir qualquer tipo de dieta e sabe que não conseguirá manter.

   c. Começa a fazer exercícios, comer alimentos mais saudáveis e usar alternativas como meditação e visualizações para reduzir o estresse e se concentrar em ser uma pessoa mais saudável e tranquila.

Mais uma vez, as respostas "a" são reações negativas. Elas fazem com que você *finja* que não existe um problema a ser resolvido, mesmo sabendo que há. Você pode dizer a si mesmo que não há nenhum problema, mas na verdade há, e, quando o problema ficar maior, você estará completamente despreparado para lidar com ele. A AMP não ignora a situação. Com a AMP, você se concentra nos potenciais resultados positivos porque sabe que conseguirá atingi-los.

As reações "b" demonstram uma atitude exatamente inversa. Você diz a si mesmo e aos outros que um resultado negativo é inevitável e simplesmente aceita o fato. Você não age e ainda reforça a inação, dizendo que seria inútil agir, de qualquer maneira. A AMP exige que você seja ativo em qualquer situação, e o primeiro lugar por onde começar é com a sua própria atitude.

Se você age com AMP, terá escolhido as respostas "c". Tentar melhorar uma situação não significa deixar de admitir que o problema existe. Em cada um dos exemplos, você precisa reconhecer o problema e começar a corrigi-lo. Mas é importante conseguir se expressar, dizendo a si mesmo e muitas vezes aos outros que você acredita que é possível encontrar uma solução. Essas soluções geralmente têm um alcance muito maior do que o problema inicial.

No primeiro exemplo, ao mostrar aos seus clientes que você irá se dedicar a atendê-los bem, além de contornar a questão da indisposição com o antigo representante comercial, você mostra a eles o seu valor e, consequentemente, o da sua empresa. No segundo exemplo, ao dar ao seu filho a oportunidade de se redimir, você lhe ensina sobre responsabilidade e trabalho e mostra que, se ele cometer um erro, tem a chance de resolver. Esse é um bom exemplo de uma lição de AMP.

Na terceira pergunta, você se concentra no benefício do projeto e incentiva os outros a criar o mesmo benefício. As pessoas gostam de ter oportunidades de ajudar e passarão a respeitá-lo ainda mais, não apenas por você viabilizar a ajuda, mas também por verem que você é uma pessoa proativa. E na quarta pergunta, ao assumir responsabilidade pela sua saúde, você está lidando com a causa do problema, e não apenas jogando-o para baixo do tapete. Mesmo se as suas atitudes e mudanças forem insuficientes e você ainda assim precisar tomar o remédio, já terá melhorado a situação.

A AMP concentra a sua mente em soluções positivas, e, quando você se treina para encontrar soluções assim, essa atitude se torna um hábito.

Bônus: usar o poder da visualização para manter a mente longe das coisas que você não quer também é fácil. Como eu disse, "Feche as portas da sua mente para circunstâncias desagradáveis ou fracassos que você viveu no passado". Use isso como um gatilho visual para formar uma imagem. Imagine um corredor extenso no meio do seu cérebro. Esse corredor é ladeado por muitas portas, e uma delas se chama DERROTAS E FRACASSOS. Agora imagine-se caminhando intencionalmente na direção daquela porta e tirando uma chave enorme do bolso. Feche a porta com firmeza e tranque-a. Coloque a chave no bolso com um sorriso. Sempre que você sentir a sombra dos velhos pensamentos negativos se aproximando, diga a si mesmo:

Eu estou com a chave no bolso.

Eu tranquei esse pensamento para sempre.

E sorria, porque você sabe que é verdade.

PALAVRAS DE SABEDORIA

"Ele o fez de todo o seu coração, e prosperou." - 2 Crônicas 31:21

"Cantemos enquanto caminhamos: a estrada será menos cansativa." - Virgílio

"Uma coisa eu faço: esqueço aquilo que fica para trás e avanço para o que está na minha frente." - Filipenses 3:13

"Nossas dúvidas são traiçoeiras e nos fazem perder o que, com frequência, poderíamos ganhar, por simples medo de arriscar." - William Shakespeare

"Nunca se desespere, mas se o fizer, trabalhe em desespero." - Edmund Burke

"As coisas nas quais você realmente acredita sempre acontecem; e a crença em algo faz com que ele se torne realidade." - Frank Lloyd Wright

"Para ser feliz, esqueça as palavras 'e se' e troque-as pelas palavras 'da próxima vez'." – Smiley Blanton

"Assim que tomava uma decisão, não me preocupava mais com ela." – Harry S. Truman

"Aja como se fosse impossível falhar." – Dorothea Brande

"Perdedores visualizam as penalidades do fracasso, e os vencedores visualizam as recompensas do sucesso." – Rob Gilbert

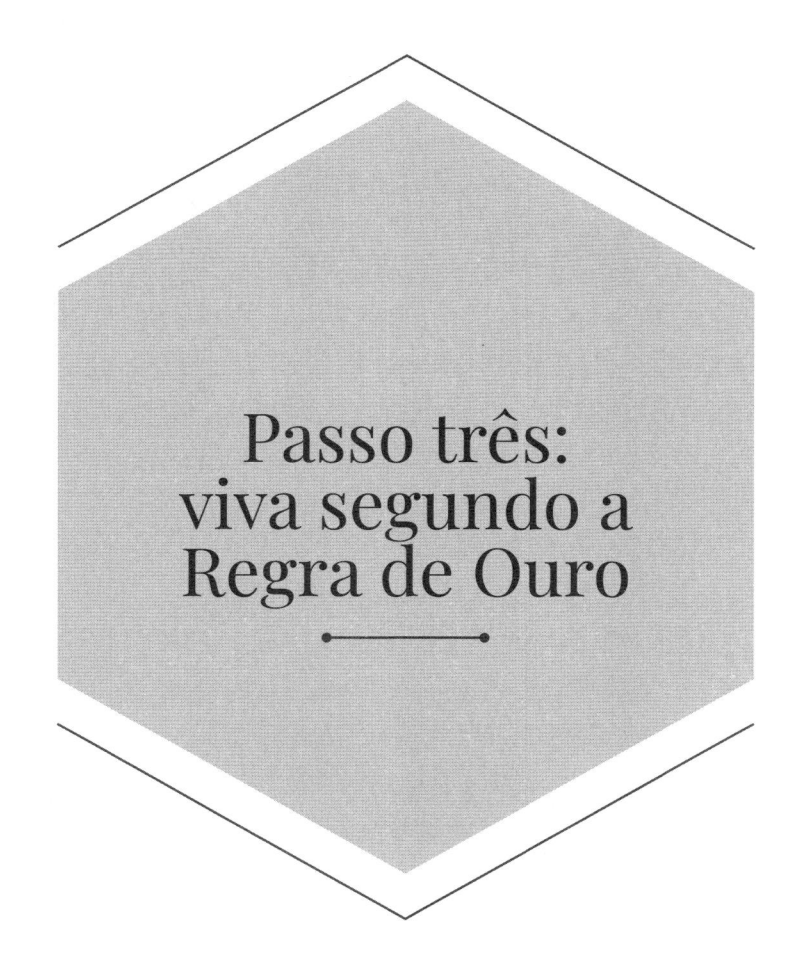

Passo três: viva segundo a Regra de Ouro

Faça aos outros o que gostaria que fizessem a você. Inversamente, não faça aos outros o que não gostaria que fizessem a você.

Essa instrução tão conhecida e aparentemente fácil é de tremendo valor. Às vezes, viver segundo a Regra de Ouro significa que você precisa sair em defesa das pessoas, ser um guardião e protetor. Martin Niemoller, líder protestante da resistência à tirania nazista, conhecia essa verdade. Falando com o público depois da guerra, Niemoller dizia:

> Os nazistas vieram atrás dos comunistas, e não me manifestei, porque eu não era comunista. Depois eles vieram atrás dos judeus, e não me manifestei, porque não era judeu. Em seguida, vieram atrás dos sindicalistas, e não me manifestei, porque não era sindicalista. Depois, vieram atrás dos católicos, e eu era protestante. Então não me manifestei. E, por fim, eles vieram atrás de mim… Àquela altura, já não havia mais ninguém para se manifestar por ninguém.

Sim, faça aos outros o que você gostaria que fizessem a você. Procure sempre o bem em cada pessoa e situação. Ao lidar com a família, amigos e parceiros de negócios, procure sempre o lado bom de cada um, e não suas falhas. Ofereça ajuda, elogios e estímulos, em vez de críticas, culpas ou represálias. Vá além, e ande uma milha a mais, para ajudar alguém.

O conceito de AMP é aquele pequeno detalhe que faz toda a diferença para definir se a pessoa é feliz ou infeliz, e se suas atitudes em relação a si mesma e aos outros são positivas ou negativas.

Por exemplo, o caminho mais seguro para encontrar a felicidade é dedicar pensamentos, energias e atividades para fazer as pessoas felizes com pequenas atitudes no dia a dia. Você pode se tornar infeliz ou miserável pensando apenas em si mesmo e não nas reações de outros ao que você faz ou não faz, diz ou não diz.

O livro de Lloyd C. Douglas, *Sublime obsessão*, salienta que, quando fazemos alguém feliz, a felicidade retorna para nós multiplicada, se agimos sem ostentar ou buscar recompensas pessoais.

"Big Jim" Daniell conhece o poder da felicidade. Antes de entrar na RMI, uma fabricante de produtos de titânio, em 1976, a empresa estava enfrentando sérios problemas. A partir de então, Daniell, como novo presidente, começou a mudar as coisas. Como ele conseguiu? Não foi com computadores, nem com consultores, nem com MBAs, mas sim com uma Atitude Mental Positiva.

Big Jim aprendeu o nome de todos os setecentos funcionários da RMI. "Ao encontrar alguém que não sorri, ofereça-lhe um sorriso", dizia um quadro pendurado na parede. Big Jim distribuía sorrisos por onde passava no chão da fábrica com o seu carrinho elétrico, fazendo piadas com os funcionários. "Acredite se quiser, mas, como um jogador de futebol desengonçado" – ele foi capitão do Cleveland Browns em 1945 – "eu tenho uma filosofia: faça aos outros o que gostaria que fizessem a você", ele diz.

A filosofia de Daniell funciona. As vendas da RMI estão crescendo. A produtividade está crescendo. A motivação está crescendo, e Daniell é um sujeito feliz.

Compartilhe um pouco do que você tem. Ao compartilhar com os outros, você dá um pouco de si, mas aquilo que fica se multiplica e cresce. Ao mesmo tempo, você desafia as pessoas a terem uma vida mais elevada e criativa. Ajudando os outros, você ajuda a si mesmo, e juntos vocês disparam uma reação em cadeia de boa vontade e AMP.

APRENDA FAZENDO

Viva segundo a Regra de Ouro

Pense em três coisas que você gostaria que as pessoas fizessem por você.

1. _____

2. _____

3. _____

Agora pense pelo lado contrário. Como você pode fazer cada uma dessas coisas por alguém? Use o Passo Dois como um auxílio aqui: forme uma imagem daquilo que você quer que aconteça com o seu olhar mental. Se for útil, você pode buscar uma imagem simbólica que ajude a visualizar aquilo que você quer fazer.

Ao trabalho!

SE VOCÊ TEM UM POUCO, OFEREÇA UM POUCO

É comum ver pessoas de sucesso compartilharem seus êxitos com os outros. Assim, elas ganham respeito, colaboração e satisfação pessoal.

o Terry Evenson foi muito bem-sucedido em diversos empreendimentos. Uma forma que ele encontrou para compartilhar seu sucesso foi criando um programa de bolsas de estudo para alunos brilhantes, mas carentes. Mais tarde, esses alunos compartilhariam o próprio sucesso, ajudando a custear bolsas de estudo para outros alunos, sempre na crença de que oferecer a alguém a chance de melhorar é importante.

o Bill Cosby é um dos comediantes mais poderosos e influentes do mundo. Ele assumiu a missão de oferecer a outros comediantes a orientação profissional e o incentivo necessários para eles crescerem na carreira.

AUTOAVALIAÇÃO

Considere as perguntas a seguir:

1. Há três dias, você deu a um colega todos os dados que havia coletado e analisado para que ele preparasse um relatório, que deveria ser entregue amanhã. Hoje você descobriu que ele não avançou muito na elaboração do relatório. Como você reage?

    a. Não diz nada, para evitar pressioná-lo.

    b. Elabora um memorando para ele e para o seu superior, apontando o fato de que você cumpriu com as suas obrigações pontualmente e deixando claro que qualquer falha na entrega do relatório não é culpa sua.

    c. Oferece ajuda para concluir o relatório.

2. Os seus sogros estão envelhecendo e já não conseguem fazer todas as tarefas como antes. Como você reage?

    a. Fica de fora, pois não tem nada a ver com isso. Ninguém gosta de sogros por perto.

    b. Insiste que eles precisam se mudar para uma casa de repouso antes que se tornem um fardo.

    c. Oferece-se para realizar tarefas e ajudar com as obrigações da casa e do jardim duas vezes por mês, chamando também outros parentes para ajudar.

3. Você está dirigindo em uma rodovia movimentada em alta veloci-dade e outro carro está vindo colado em você. Como você reage?
   a. Continua dirigindo do mesmo jeito.
   b. Pisa no freio e desacelera. Faz de tudo para ensinar o outro motorista a ser um pouco mais educado no trânsito.
   c. Muda de pista para deixar o outro carro passar.

4. Na oficina mecânica que você frequenta há anos, um novo me-cânico age de maneira grosseira, tratando-o como se você não soubesse nada. Como você reage?
   a. Tolera, presumindo que ele logo será demitido.
   b. Procura outro lugar para realizar o serviço.
   c. Tem uma conversa particular com o gerente e explica que você ficou surpreso pela forma como foi tratado, pois sempre ficou satisfeito com o serviço prestado ali.

Você já sabe que "a" é uma reação passiva, que vai na direção oposta da ação necessária a uma atitude mental positiva. A AMP identifica os problemas e trabalha para corrigi-los; ao ignorar essas situações, você as deixa deteriorar até se tornarem algo maior e poten-cialmente mais perigoso. Às vezes, pode parecer que ficar em cima do muro é a abordagem menos complicada, mas a situação pode acabar saindo do controle. As pessoas podem se questionar por que você está agindo de maneira tão passiva em uma situação em que poderia demonstrar liderança e bom senso.

A resposta "b" é ativa, mas quase sempre eleva a tensão e deixa as pessoas propensas a pensarem em você como um adversário ou um reclamão. Quando surgem os problemas, as pessoas costumam procurar alguém que tome a iniciativa de buscar uma solução, e não alguém que agrave as tensões ou saia batendo os pés com raiva. Por que alguém optaria por ter que lidar com você se a sua atitude é sempre colocar a culpa em outro e evitar qualquer responsabilidade? Se, como no exemplo da autoestrada, você lida mal com alguém que já está agindo mal, pode ser impossível prever o que a sua provocação pode causar, e as consequências podem se agravar, chegando a um ponto difícil de contornar. As suas ações devem refletir a forma como você espera que os outros ajam com você.

A reação "c" faz com que as pessoas pensem em você como alguém sempre disposto a cooperar, a dar uma mão, a fazer algo fora do comum. Às vezes isso pode envolver pessoas com quem você interage o tempo todo, pessoas de cuja ajuda e cooperação voluntária você pode vir a precisar, sejam elas colegas de trabalho que tenham experiências a compartilhar, sejam parentes a quem você pode recorrer em momentos de necessidade, seja o dono de uma oficina mecânica que conserta seu carro um dia antes de você sair de férias.

Você verá que, às vezes, a AMP que você demonstra ao viver conforme a Regra de Ouro pode se dirigir a alguém que você não conhece e nunca voltará a ver. Talvez você nunca colha um benefício direto das suas ações. Mas outras pessoas irão se beneficiar, a começar por aquelas a quem você reage positivamente, chegando também àquelas a quem tais pessoas reagem de maneira igualmente positiva. Ao agir com AMP, você aumenta o estoque de AMP de todo o mundo, melhorando todos os ambientes em que você vive e trabalha. Se você já se surpreendeu com a capacidade de alguém de obter ajuda nos momentos mais improváveis, é bem possível que essa pessoa esteja vivendo com uma AMP. Como dizem as Escrituras, "Aquilo que o homem semear, isso também ceifará".

Bônus: pense em três coisas que você não gostaria que as pessoas fizessem com você.

1. _____

2. _____

3. _____

Agora pense pelo outro lado da seguinte forma:

Seja generoso. Quando você compartilha com os outros uma parte do que você tem, aquilo que fica se multiplica e cresce. Exemplos:

- Sorria para todos que cruzarem o seu caminho. Sorria com os olhos, e assim você sorrirá e receberá sorrisos.
- Ofereça uma palavra de gentileza, com um pensamento gentil por trás: você será gentil e receberá palavras gentis.
- Demonstre seu apreço de coração. Você apreciará e será apreciado.
- Ofereça honra, crédito e aplausos. Você será honrado e receberá créditos e aplausos.
- Dedique tempo a uma causa nobre com entusiasmo. Você será ricamente recompensado e demonstrará o seu valor.
- Dê esperança – o ingrediente mágico para o sucesso. Você terá esperança e poderá esperar ainda mais.
- Dê felicidade – o estado de espírito mais apreciado. Você terá coragem e será encorajado.
- Ofereça alegria – o raio de sol verbal. Você será alegre e será alegrado.
- Ofereça uma reação agradável, que neutralize as irritações. Você será agradável e receberá reações agradáveis.

PALAVRAS DE SABEDORIA

"O ódio provoca dissensão,; mas o amor cobre todos os pecados." - Provérbios 10:12

"Não faças a outro o que não queres que te façam." - Confúcio

"Conservamos amigos não lhes aceitando favores, mas a eles fazendo." - Tucídides

"Ensina-me, meu Deus e Rei, a em todas as coisas ver-te a ti, e em tudo que eu fizer, hei de fazê-lo como se fosse para ti." - George Herbert

"Dar o exemplo não é a melhor maneira de influenciar os outros. É a única." - Albert Schweitzer

"Muitas pessoas não se importam com o que acontece desde que não aconteça com elas." - William Howard Taft

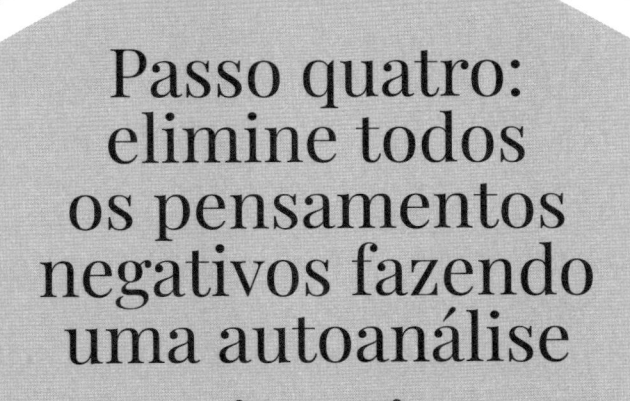

Passo quatro: elimine todos os pensamentos negativos fazendo uma autoanálise

A maioria das pessoas só percebe que está pensando de maneira negativa ao fazer um esforço consciente para analisar os próprios pensamentos, ações e reações. O processo de autoanálise é simples. Basta questionar: "Este pensamento é positivo ou negativo?". Se você não conseguir se apoderar da própria mente e guiá-la para onde deseja usando o poder da visualização, há uma boa chance de que as suas reações sejam negativas, e não positivas.

Perceba como viver segundo a Regra de Ouro ajuda positivamente. É claro, se você está preocupado em fazer o bem aos outros, sempre evitando o mal, não sobra muito espaço para que os pensamentos negativos tomem conta.

No entanto, se você está no início do incrível processo de desenvolver uma Atitude Mental Positiva, os velhos hábitos vão se impor de tempos em tempos. Você encontrará pensamentos negativos rondando a sua mente, prontos para escapar assim que você abrir uma frestinha dessa porta. Os quatro motivos a seguir provavelmente abrangem a maioria das ocasiões em que pensamentos negativos podem lhe ocorrer.

1. Você está sentindo pena de si mesmo e se deixando levar pela autocomiseração.
2. Você está julgando ou culpando alguém, alguma situação ou o ambiente (alcoólatras falam sobre "buscar uma cura geográfica", ou seja, tentar resolver o problema com a bebida culpando o lugar onde vivem).

3. O seu ego foi ferido ou desinflado. Seu orgulho está machucado.

4. O motivo mais óbvio, mas que a maioria das pessoas acha mais difícil de reconhecer, é que você está sendo egoísta em relação a si mesmo, a alguém ou a alguma coisa.

Quanto mais você praticar a AMP, mais conseguirá reconhecer os pensamentos negativos assim que eles surgirem. Mas assim que iniciar o processo incrível de incorporar a AMP à sua vida, terá que se basear em uma análise mais consciente. Na maioria dos casos, ainda será fácil detectar pensamentos negativos, porque eles o fazem pensar em violar a Regra de Ouro na sua relação com os outros, ou porque você dirá algo sobre si mesmo que, se viesse de outra pessoa, pareceria um insulto.

Se o pensamento surge na sua mente e você não consegue fazer nada a respeito, pergunte-se o que acharia se um estranho caminhando pela rua viesse até você e dissesse a mesma coisa. Trate tais pensamentos da forma como você os trataria se viessem de um estranho. Diga: "Você não sabe do que eu sou capaz. Você está passando dos limites ao dizer algo assim".

Os pensamentos negativos que surgem na sua mente são produtos de um passado que você decidiu deixar para trás. Eles vêm de experiências que você decidiu superar e não têm relação alguma com os seus pensamentos e as suas ações atuais. Enfrente-os com um antídoto imediato e poderoso, na forma de um pensamento positivo concreto sobre si mesmo ou sobre a pessoa ou circunstância envolvida.

QUEM É O EGOÍSTA AQUI?

A Dra. Bertice Berry é uma comediante, atriz e cantora que tinha um programa na TV e viajava pelo país fazendo palestras e apresentações. Foi a primeira pessoa da sua família a ir para a universidade; portanto, quando se formou, esperava que todos os seus parentes fossem comemorar com ela.

Quando descobriu que ninguém da sua família iria, ficou furiosa e decidiu não ir à própria festa de formatura, até que um professor lhe disse que ela estava sendo egoísta. Ela acabou indo à cerimônia e ficou espantada ao descobrir que a universidade lhe concedera o prêmio de aluna de destaque, que foi entregue por um ganhador do Prêmio Nobel.

Ela quase perdeu uma grande honra, tudo porque seu orgulho estava ferido. Mas superou e foi subindo progressivamente a escada do sucesso.

APRENDA FAZENDO

Elimine todos os pensamentos negativos fazendo uma autoanálise

Faça uma lista para levar no seu bolso ou na sua carteira. Chame-a de "Festas às quais me nego a ir".

1. Festa da pena: na qual você sente pena de si mesmo.
2. Festa do bode expiatório: na qual você procura alguém para culpar.
3. Festa do orgulho: na qual você fica sofrendo com o ego ferido.
4. Festa da autopatia: na qual você não passa de um egoísta.

Olhe para essa lista logo pela manhã. Quando pensamentos negativos vierem à mente, pare por um momento para se perguntar: "O que está acontecendo?". Olhe para a sua lista de festas para as quais você recusa o convite e veja se o pensamento negativo se deve a alguma daquelas causas. Em seguida, elimine-o.

AUTOAVALIAÇÃO

Responda às perguntas a seguir com sinceridade:

1. A sua proposta de trabalho para um cliente renomado e lucrativo foi negada, e o projeto será executado por um concorrente. O que passa pela sua cabeça?
   a. "Não era para ser."
   b. "Eu teria conseguido o trabalho se a outra empresa não tivesse apelado para preços tão baixos. Eles assumiram o trabalho com prejuízo só para me prejudicar."
   c. "Preciso descobrir o que os fez optar pela outra empresa. Essa é uma oportunidade de identificar áreas problemáticas e corrigi-las."

2. A sua filha desiste da faculdade para trabalhar na cozinha de um restaurante. O que passa pela sua cabeça?
   a. "Ela nunca teve muita motivação."
   b. "Ela está se rebelando e tentando me constranger, depois de todo o dinheiro que gastei com a faculdade."
   c. "Ela não devia estar muito feliz na faculdade, e preciso descobrir o porquê."

3. Você se candidata à presidência da associação comunitária local e perde a eleição. Quais pensamentos lhe vêm à mente?
   a. "Outra lição aprendida. Preciso parar de tentar ganhar essas competições de popularidade."

b. "Se essa gente não consegue ver que eu seria um bom presidente, eu não deveria estar perdendo meu tempo com eles."

c. Meu concorrente sabe algo que não sei sobre como despertar os interesses das pessoas. É alguém com quem tenho muito a aprender. Aposto que poderíamos formar uma boa equipe se trabalhássemos juntos."

4. Você sabe que precisa perder uns sete quilos, mas, por mais que tente, até agora não conseguiu perder nada. Qual atitude você toma?

a. "Pensando bem, poderia ser pior. Pelo menos não ganhei mais peso."

b. "Estou dando muita bola para essa loucura de vida *fitness*. Nunca vou conseguir perder peso, então é melhor parar de me torturar."

c. "Preciso encontrar um novo método que me mantenha comprometido, para que eu possa melhorar minha saúde."

Há uma forma de encarar a vida conhecida como "seguir o fluxo", que às vezes parece muito tentadora, pois aparentemente elimina todo o estresse e a preocupação. Mas geralmente é um disfarce que faz você passar a si mesmo uma série de mensagens negativas sobre quem é e sobre o que pode fazer. As respostas "a" refletem essa abordagem. Elas contêm uma boa dose de autopiedade, que vem com frases como "Eu não sou mesmo um líder ou atleta inato" ou "A vida me sobrecarregou com tantos fardos que o melhor que posso fazer é seguir em frente e ver no que dá".

Uma Atitude Mental Positiva não o deixa levar esse tipo de pensamento adiante. A ideia pode até passar pela sua cabeça, mas você a analisa e percebe que ela não passa de uma forma de evitar qualquer ação ou responsabilidade. Quando isso acontecer, você pode rejeitar o pensamento e combatê-lo com uma sugestão positiva. Quanto mais você pratica isso com consciência, mais automático se torna, até que os pensamentos negativos simplesmente param de surgir.

Em vez de culpar as circunstâncias, também é fácil culpar outras pessoas, pois elas geralmente parecem oferecer alvos fáceis para a sua autopiedade e o seu orgulho ferido. Isso é exemplificado nas respostas "b". É claro, ao adotar tal abordagem, nunca será possível resolver a situação, e às vezes os problemas podem até se agravar. Você deve identificar exatamente a fonte da adversidade para encontrar o benefício escondido dentro dela, e, se ignorar essa verdade, todo o seu esforço será em vão.

As respostas "c" exemplificam esta abordagem. Nela reconhece-se que o problema existe, e são tomadas as providências para entendê-lo melhor, na certeza de que algo pode ser feito. Esse processo de descoberta geralmente exigirá que se recorra à AMP, pois você pode aprender muitas coisas inesperadas sobre si mesmo ou sobre a sua situação. Mas, se reagir a essas descobertas com uma atitude que demonstre que você entendeu a importância da lição e que poderá lidar com aquilo, terá colhido um dos maiores benefícios da AMP: mais autoconhecimento e confiança.

Bônus: "banir" um sentimento negativo é mais fácil do que você pensa. Você se lembra do Bônus no Passo Dois? VOCÊ TEM A CHAVE. Tranque o pensamento negativo no lugar dele, em uma masmorra! Uma Atitude Mental Positiva coloca esse poder na sua mão e na sua cabeça.

PALAVRAS DE SABEDORIA

"De um modo tão assombroso e tão maravilhoso fui feito." – Salmos 139:14

"A autoconfiança é o primeiro segredo do sucesso." – Ralph Waldo Emerson

"O rancor é uma evidente manifestação do sentimento de inferioridade." – José Ortega y Gasset

"O desânimo é simplesmente o desespero do amor-próprio ferido." – François de Fénelon

"Nunca deponha contra si mesmo." – Robert Rowbottom

"O homem pode perder tudo de vista se estiver cego de desejo de vingança, e não vale a pena." – Louis L'Amour

"*Você ganha força,
coragem e confiança com cada
experiência em que de fato para
e encara o medo de frente.
Você pode então dizer a si mesmo:
'Eu enfrentei esse horror.
Eu posso enfrentar o que virá adiante'.
Você precisa fazer exatamente
aquilo que acha que não é capaz
de fazer.*"* – Eleanor Roosevelt

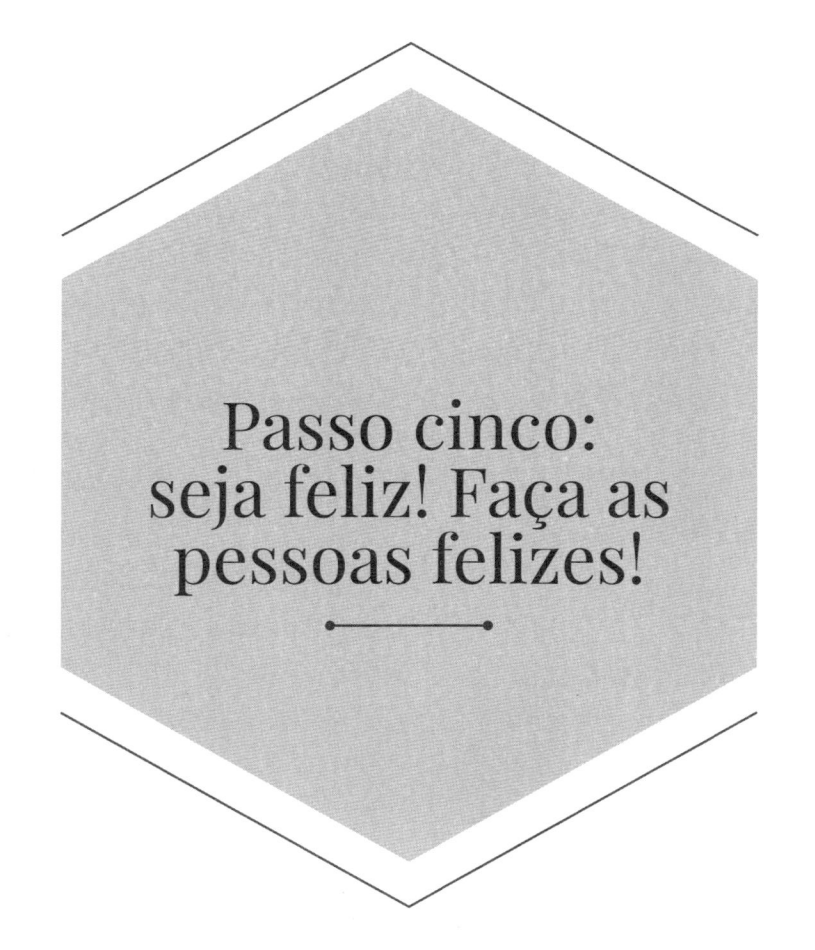

Passo cinco: seja feliz! Faça as pessoas felizes!

Para ser feliz, aja com felicidade! Da mesma forma que você pode pensar para mudar a sua forma de agir, também pode agir para mudar a sua forma de pensar. Seja animado. Para ser animado, aja com animação. Sorria, para si mesmo e para o mundo.

Você acabará sentindo uma sensação de felicidade interior e entusiasmo que se manifestará sem que precise se concentrar. Todos sabem reconhecer pessoas positivas (e as querem por perto). Essa mudança na sua qualidade de vida acontece quando você elimina os pensamentos negativos e concentra a mente em memórias, experiências e pensamentos bons, saudáveis e construtivos. E é fácil manter uma atitude alegre, porque o trabalho de pensar positivamente e pensar negativamente é o mesmo.

Se for para se preocupar, que seja positivamente. No *best-seller Psicocibernética*, o Dr. Maxwell Maltz diz aos leitores para se preocuparem "construtivamente". Ele diz que a preocupação significa pensar no que pode dar errado, e o antídoto para essa aflição é concentrar-se conscientemente no que pode dar certo.

A seguir estão duas regras simples para começar a se preocupar de maneira construtiva. Anote-as em um papel e leve-o consigo como uma "receita" contra a preocupação.

1. O melhor desfecho que pode acontecer no meu desafio de _____ pode ser _____.
2. Afinal, é bem possível que _____ de fato aconteça.

Tome sempre uma dose de otimismo juntamente com essas regras. Imagine como seria o desfecho desejado para o seu problema. Depois, repasse esses pensamentos na mente, internalizando gradualmente os sentimentos de confiança e coragem.

Maltz acredita que a mente subconsciente não consegue diferenciar uma experiência real de uma imaginária. Para tirar proveito dessa teoria, ele sugere o seguinte exercício: estabeleça um período específico do dia em que você poderá fechar os olhos e sonhar acordado com os seus objetivos. Imagine-se já tendo atingido tais objetivos. Imagine as sensações táteis, olfativas e visuais que você sentirá ao atingir seus objetivos. Quando se pegar mergulhado em pensamentos negativos, obrigue-se imediatamente a parar. Então troque essas imagens sombrias por imagens mentais daquilo que você quer que aconteça na sua vida. Experimente. Funciona!

A sensação maravilhosa que você experimentará é a AMP.

APRENDA FAZENDO

Registre os seus sucessos

É importante analisar suas conquistas e seus sucessos. Reduza a uma fórmula, por escrito, os detalhes das experiências que contribuíram para o seu sucesso. É igualmente importante analisar as experiências que você não gostaria que se repetissem.

Ao reunir as experiências desejáveis em uma fórmula, você encontrará métodos, habilidades ou técnicas que atingem resultados de maneira contínua quando aplicados à sua vida pessoal, espiritual, familiar, social, profissional ou como cidadão. Você pode desenvolver métodos, habilidades e técnicas que atingem resultados de maneira contínua quando aplicados em qualquer atividade, serviço ou produto em que você esteja interessado. O sucesso é conquistado e mantido por aqueles que tentam e seguem tentando, sempre com uma Atitude Mental Positiva.

Você também encontrará a saúde, a felicidade, a riqueza e o sucesso que procura.

Orgulhe-se! Orgulhe-se das suas conquistas, da sua família, da sua religião, do seu país e de tudo que é bom, mas seja modesto e tenha humildade. Podemos nos orgulhar com razão de nossas conquistas positivas, mas vangloriar-se por uma conquista pode ser negativo.

Há palavras que às vezes podem ter múltiplos significados, tanto negativos quanto positivos, e *orgulho* é um excelente exemplo. O orgulho é um sentimento de dignidade, valor, honra e respeito consigo mesmo. Ele é positivo quando aplicado a algo de que podemos nos orgulhar com razão. Mas, no sentido negativo, o orgulho é o primeiro dos sete pecados capitais. Em Provérbios 16-18, lemos: "O orgulho vem antes da destruição; o espírito altivo, antes da queda".

O orgulho negativo é um sentimento indevido de superioridade, de autoestima desordenada, de arrogância. Na verdade, os sinônimos de orgulho em sua acepção negativa são arrogância, soberba, insolência, autoritarismo, prepotência e desdém. Os antônimos são humildade e modéstia.

AUTOAVALIAÇÃO

Considere as situações a seguir:

1. Você apresentou um plano ambicioso para reorganizar o seu departamento e está prestes a se encontrar com as pessoas que tomarão a decisão final. Em que você se concentra antes da reunião?
   a. Em detalhes rotineiros, para não deixar o nervosismo dominar.
   b. Em todas as perguntas difíceis que farão e nas objeções que você espera que os diretores possam ter.
   c. Nos benefícios que podem surgir a partir das suas recomendações e em como será fácil explicá-los aos diretores.

2. O seu cônjuge recebeu uma proposta de promoção importante. O novo cargo representará aumento de salário e mais oportunidades de crescimento, mas também maior carga de trabalho. O que você faz para contribuir para a discussão sobre a oferta do cargo?
   a. "Faça o que você acha melhor, meu bem."
   b. "Lembre-se do que aconteceu com a última pessoa que ocupou esse cargo. Ele não aguentou a pressão e foi demitido."
   c. "É uma oportunidade tremenda, e tenho certeza de que você vai dar conta. Se é isso que você quer, dou todo o meu apoio."

3. Como líder da associação de pais e professores da escola, você fica surpreso quando uma diretora muito querida anuncia que está saindo do cargo para voltar para a faculdade. O superintendente

da escola pede para você participar do comitê que escolherá um substituto. Qual atitude você leva para o processo de seleção?

a. Decide que diretores são todos iguais e delega a tarefa para os outros membros do comitê.

b. Deixa claro que acredita que será impossível encontrar alguém tão bom quanto a última diretora e avisa a todos que eles devem se preparar para ouvir reclamações sobre qualquer escolha que fizerem.

c. Reconhece que é possível encontrar bons diretores e que a última diretora deixou um legado excelente que pode ser usado, mas cada candidato terá pontos fortes diferentes, e o melhor caminho a seguir será o de encontrar a pessoa que seja mais adequada às necessidades da escola.

4. Você leva 45 minutos por dia para ir e para voltar do trabalho. Como passa esse tempo?

a. Ouvindo música.

b. Ouvindo pessoas reclamando da vida no rádio.

c. Pensando no que pode realizar no dia e em como isso pode aproximá-lo dos seus maiores objetivos de vida.

Napoleon Hill certa vez disse: "A única coisa que você pode ter certeza de controlar em qualquer situação é a sua reação a ela". Se você tem por hábito adotar uma perspectiva otimista em todas as situações, descobrirá que está ajudando a criar tal resultado por meio de tudo o que diz e faz.

Todos nós conhecemos aquela voz que às vezes aparece dizendo: "Isso não vai dar certo" ou "Você vai se dar mal". Você pode domar essa voz concentrando-se em pensamentos positivos, mas ela é persistente, então não basta ignorá-la. Você pode achar que, ao mudar os seus pensamentos sobre si mesmo, a voz irá embora, mas não é assim que funciona. Você precisa abafá-la com uma voz positiva que diga que aquilo que você sabe pode se tornar real. E você faz um grande favor aos outros ao contribuir com a sua voz positiva. É por isso que as respostas "a" não refletem uma AMP.

A atitude mental é algo contagioso. É por isso que você não ajudará ninguém – nem você mesmo – se ficar insistindo em possíveis problemas. As respostas "b" representam atitudes mentais negativas imediatamente comunicadas às pessoas ao seu redor, sabotando os esforços que elas fazem e as reações que podem ter às suas atitudes. É inevitável que às vezes algum pensamento negativo surja na cabeça. Mas não o deixe se manifestar impensadamente. Você precisa se analisar e ver se identifica qual é o verdadeiro problema, mas, em nove a cada dez vezes, a única ação necessária será substituir aquele pensamento negativo por um positivo.

Não cometa o erro de achar que adotar uma perspectiva feliz significa tapar o sol com a peneira. A história é cheia de casos de pessoas que ignoraram todos os motivos que indicavam que alguma coisa estava condenada ao fracasso e, mesmo assim, seguiram em frente: Robert Fulton, Thomas Edison, os irmãos Wright. Para usar um exemplo de Dennis Kimbro, que escreveu com Napoleon Hill o livro *Think and Grow Rich: A Black Choice*, as pessoas podem até dizer que o Sol se põe, mas elas estão erradas. O Sol nunca se põe de fato. Talvez seja noite onde você está, mas, em grande parte do planeta, o Sol está brilhando no céu.

POR QUE AGIR DE OUTRO MODO?

Susan Jeffers, autora do livro *Feel the Fear and Do It Anyway*, estava jantando com uma amiga, tentando fazê-la pensar pelo lado positivo de algum acontecimento, quando a outra mulher fez a seguinte observação: "Você está começando a parecer a Poliana".

Jeffers lembra: "Eu deixei escapar: 'Mas o que há de errado com a Poliana? Qual é o problema em se sentir bem com a vida apesar dos obstáculos que surgem pelo caminho? Qual é o problema em olhar para o Sol, em vez de ver sempre o lado sombrio das coisas? Qual é o problema em tentar ver o lado bom de tudo? Não tem *nenhum* problema nisso!', afirmei. 'Na verdade', eu disse, ainda incrédula, 'por que alguém se *recusaria* a pensar assim?'".

Só você pode escolher a atitude que adotará em determinada situação. Se você se afundar na lama dos pensamentos negativos, são eles que vão permanecer com você e todos ao seu redor. Prefira se concentrar nas coisas que você quer e na certeza de que as conseguirá. Se precisar se preocupar, preocupe-se positivamente.

Bônus: para aprender sobre o poder contagiante da felicidade, basta ficar parado na frente de um espelho e sorrir para si mesmo. Tudo bem se você se sentir constrangido no início, talvez seja até melhor se ficar com vontade de rir de si mesmo, pois assim o seu sorriso será verdadeiro. Mas só de ver o próprio sorriso, você certamente terá uma noção da felicidade que algo tão simples pode proporcionar. Agora imagine se você compartilhar esse sorriso com alguém.

PALAVRAS DE SABEDORIA

"O coração alegre serve de bom remédio." – Provérbios 17:22

"A alegria mantém uma espécie de amanhecer em nossa mente e a enche de serenidade firme e perpétua." – Joseph Addison

"Assuma a virtude se você não a tem." – William Shakespeare

"Dê-me um homem que trabalha cantando." –Thomas Carlyle

"Se você quer uma qualidade, aja como se já a tivesse." – William James

"Se realmente quisermos viver, é melhor começarmos a tentar imediatamente." – W. H. Auden

"Use as suas fraquezas; almeje a força." – Laurence Olivier

"Seja corajoso — e forças poderosas virão em seu auxílio." – Basil King

*"As pessoas de alto desempenho são aquelas que enfrentam quaisquer circunstâncias com a atitude de que podem fazer com que tudo saia do jeito que elas querem.
Não de vez em quando. Sempre.
Elas podem contar consigo mesmas."* – Charles Garfield

Passo seis: crie o hábito da tolerância

Mantenha a mente aberta para todas as pessoas. Tente apreciar e aceitar as pessoas como elas são, sem exigir ou desejar que sejam como você gostaria. Procure o lado bom nos outros e aprenda a gostar das pessoas. Há muitos anos, Napoleon Hill escreveu o seguinte texto sobre a intolerância:

Quando o alvorecer da inteligência se espalhar pelo horizonte do progresso humano, e a ignorância e a superstição tiverem deixado suas últimas pegadas na areia do tempo, ficará registrado no último capítulo do livro dos crimes dos homens que seu pecado mais grave foi o da intolerância.

A intolerância mais amarga surge de preconceitos religiosos, raciais e econômicos e diferenças de opinião. Quando, ó Deus, nós, pobres mortais, entenderemos a insensatez de tentarmos destruir uns aos outros porque temos crenças religiosas e orientações raciais diferentes?

Nosso tempo designado na Terra não passa de um momento. Assim como uma vela, estamos iluminados, brilhamos por um momento, e então apagamos. Por que não podemos aprender a viver durante essa breve visita na Terra de forma que, quando a grande caravana chamada morte aparecer e anunciar que a visita acabou, estejamos prontos para desarmar nossas tendas e seguir em silêncio rumo ao grande desconhecido, sem medo e hesitação?

Espero não encontrar judeus ou gentios, católicos ou protestantes, alemães, britânicos ou franceses quando eu cruzar a linha para o outro lado. Espero encontrar apenas almas humanas, irmãos e irmãs, sem distinção de raça, credo ou cor, pois desejo o fim da intolerância para poder descansar em paz por toda a eternidade.

O amor e o afeto geram um ambiente físico e mental em que a AMP pode florescer. Faça uma boa ação todos os dias. Esse é um bom conselho não só para os escoteiros, mas também para nós.

Esta é uma história verídica: havia um estudante em uma escola secundária da Nova Inglaterra que era um ginasta excepcional. Ele estava indo para uma competição, quando, passando de carro por uma ponte, notou uma parte quebrada no parapeito. Ele parou e viu um caminhão caído no rio lá embaixo. O acidente acabara de acontecer, o caminhão ainda estava afundando, e o motorista estava se debatendo para tentar sair.

O jovem tirou os sapatos e mergulhou nas águas agitadas do rio. O motorista do caminhão, em pânico, não conseguia abrir a porta. O estudante fez um movimento para ele abaixar a janela, pois o caminhão estava quase completamente submerso. O motorista abaixou a janela, e o jovem, com todos os seus anos de práticas e exercícios, usou cada músculo e dose de força para tirá-lo do caminhão. Ele levou o motorista à superfície e nadou de volta à beira do rio, salvando a vida do homem.

O ginasta acabou não comparecendo ao campeonato estadual naquela noite, mas não fez diferença, pois os dirigentes da escola o tinham proibido de participar da prova porque ele tinha cabelo comprido.

Moral da história: não julgue o caráter de alguém pelo comprimento do seu cabelo.

Atos de gentileza criam condições para o desenvolvimento de uma AMP. Para ser feliz, faça outras pessoas felizes!

A CARA FEIA DA INTOLERÂNCIA

Um dos efeitos mais tristes da intolerância é que as pessoas que sofrem com ela acabam fazendo o mesmo contra algum outro grupo. Os exemplos de países como a antiga Iugoslávia mostram como atitudes intolerantes podem facilmente destruir uma sociedade.

Uma das melhores maneiras de enxergar como a intolerância é estúpida é analisando antigos hábitos sociais que eram dominantes. Por exemplo, por muitos anos acreditou-se que era impossível eleger um presidente dos Estados Unidos que fosse católico ou divorciado. Mas dois dos nossos mais famosos presidentes dos últimos tempos contrariam essa crença: John F. Kennedy era católico, e Ronald Reagan era divorciado.

Não deixe que ideias intolerantes que você absorveu de outras pessoas limitem as suas ideias sobre o que você pode realizar. Sempre deve haver uma primeira pessoa a cruzar determinada barreira. Por que não pode ser você?

APRENDA FAZENDO

Crie o hábito da tolerância

O segredo para aceitar as pessoas do jeito que elas são é agir como se você já as aceitasse. Pense em alguém que você tem dificuldades para aceitar e escreva o nome dessa pessoa abaixo.

Nome: _____

Agora pergunte a si mesmo: se eu aceitasse essa pessoa tal como ela é, como eu me comportaria? O que faria? Visualize a sua resposta em termos concretos. E então aja assim. A maioria das pessoas deixa os sentimentos dominarem-nas. Elas supõem que só conseguirão agir de maneira gentil ou tolerante com alguém se invocarem o sentimento correto de amor, tolerância ou coisa parecida. Aqui é ao contrário. A sua nova compreensão de Atitude Mental Positiva agora o prepara para dominar os seus sentimentos! Você pode escolher agir como se já tivesse o sentimento que deseja ter. O aspecto intrigante aqui é que os sentimentos obedecem e vêm a galope depois que você passa a agir assim.

AUTOAVALIAÇÃO

Considere as questões a seguir:

1. No escritório, a sala ao lado da sua está ocupada por uma gerente comercial barulhenta. Sempre que um representante atinge uma meta de vendas, ela solta um grito de alegria e faz uma algazarra. Todo o escritório para de trabalhar e fica olhando. Como você reage?

    a. Fica com a porta do escritório fechada.

    b. Diz que ela está atrapalhando a disciplina no escritório e pede que encontre outra forma de celebrar. Talvez ela possa mandar um e-mail para o representante.

    c. Faz algo para reconhecer o entusiasmo, para que você possa participar de todas as coisas boas que acontecem com ela.

2. O seu filho anuncia que está noivo de uma jovem que você já conheceu e de quem gostou, mas depois você descobre que os pais dela são membros ativos de um partido político a cujas visões você se opõe veementemente. Como você reage?

    a. Faz de tudo para evitá-los.

    b. Diz para eles que é melhor que nem venham com aquelas ideias ridículas para cima de você.

    c. Faz amizade com eles com base no vínculo em comum e percebe que agora você tem uma oportunidade de conhecer pessoas com quem talvez nunca tivesse a chance de confraternizar.

3. Há uma petição circulando no seu bairro, para que as autoridades façam alguma coisa a respeito de uma casa no final da rua, onde a grama nunca é cortada e o lixo fica acumulado. O que você faz?
   a. Não se envolve com os problemas das pessoas e não assina a petição.
   b. Assina a petição.
   c. Oferece-se para visitar o vizinho e explicar o que está incomodando as pessoas e pergunta se há algo que você possa fazer para ajudar a resolver a situação antes que a prefeitura seja chamada.

4. Chega uma nova funcionária ao seu departamento. Ela é ótima no que faz, mas todos os outros funcionários parecem evitá-la, pois há um boato dizendo que ela é lésbica. Como você reage?
   a. Ignora o boato.
   b. Diz a ela o que os outros estão falando e sugere que ela seria mais feliz trabalhando em outra empresa.
   c. Convida-a para almoçar com o intuito de conhecê-la melhor. Comenta que está muito satisfeito com o trabalho dela e pede que ela informe se estiver enfrentando algum problema com os colegas no escritório.

A tolerância pode ser um tema difícil, sobretudo no momento de polarização que estamos vivendo. Não importa qual seja o assunto, muitas pessoas têm opiniões fortes que às vezes prejudicam o bom senso e não lhes permitem ver quais são as verdadeiras questões. Ter uma AMP não significa que você precisa adotar os princípios de todas as pessoas que conhece, mas sim que deve olhar atentamente para as reações dessas pessoas. Questione se os seus sentimentos têm alguma relação com a forma como você interage com alguém. O problema em questão está relacionado com vender ferramentas, ser um bom vizinho ou viver de acordo com a Regra de Ouro?

A tolerância não é um aspecto passivo da AMP ou de qualquer parte da vida. Como o exemplo anterior sobre o reverendo Martin Niemoller na Alemanha nazista mostrou, as forças da intolerância dependem da inação das pessoas de bem. As respostas "a" representam em grande medida esse tipo de reação. No primeiro exemplo, ao evitar uma situação desconfortável, você perde a oportunidade de aprender com alguém e compartilhar os benefícios do entusiasmo contagiante.

Você nunca chegará a esse tipo de compreensão se colocar mais barreiras entre você e as pessoas com quem não concorda. A melhor forma de se dar bem com elas é estabelecendo uma trégua amigável, mas até isso será impossível se você as enfrentar como nos exemplos das respostas "b". Todas as suas interações ficarão envenenadas pela ameaça de um confronto, e assim você certamente se desviará dos pensamentos positivos que precisa cultivar para atingir os seus objetivos.

A tolerância não elimina a possibilidade de conflito, mas, se as suas ações forem similares às das respostas "c", você mostrará às pessoas que as respeita. E esteja certo de que o respeito será recíproco. Essa simples troca abre um mundo de possibilidades que lhe permitirão trabalhar com pessoas com quem talvez nunca chegasse a conversar. As diferenças de opinião provavelmente permanecerão, mas, quem sabe, você pode conquistar tanto respeito da outra pessoa a ponto de convencê-la a pensar de outra forma. Com uma AMP, tudo é possível.

Bônus: a dica que você recebeu aqui também é a chave para o versículo bíblico "ame o seu inimigo". Como amar o meu inimigo? Agindo como se já o amasse. E então o sentimento virá em seguida. Você tem algum inimigo com quem queira experimentar essa técnica? Escreva o nome da pessoa e experimente.

Nome: _____

No final do dia, faça a seguinte reflexão:

Você deixou alguém feliz ou
deixou alguém triste?
O que você fez do seu dia?
Deus deu esse dia para que você
fizesse o que pretendia.
Você fez o mal ou fez o bem?
Você distribuiu sorrisos ou ficou sisudo?
Você animou ou desanimou alguém?
Você aliviou alguma carga ou
impediu algum progresso?
Você procurou rosas ou só
juntou ervas daninhas?
O que você fez do seu belo dia?
Deus lhe deu esse presente.
Você jogou fora?

(Autor desconhecido)

PALAVRAS DE SABEDORIA

"É preciso um sábio para reconhecer um sábio." – Xenófanes

"Ó, Mestre, fazei que eu procure mais compreender que ser compreendido." – São Francisco de Assis

*"Faça todo o bem que puder,
Por todos os meios que puder,
De todas as maneiras que puder,
Em todos os lugares que puder,
Todas as vezes que puder,
Para todas as pessoas que puder,
Enquanto você puder."* – John Wesley

"Nada se perde com a cortesia. É o mais barato dos prazeres, não custa nada e transmite muito. Agrada quem dá e quem recebe, e assim como a misericórdia, as bênçãos se multiplicam." – Erastus Wiman

"Muitas pessoas acham que estão pensando quando na verdade estão simplesmente reordenando seus preconceitos." – William James

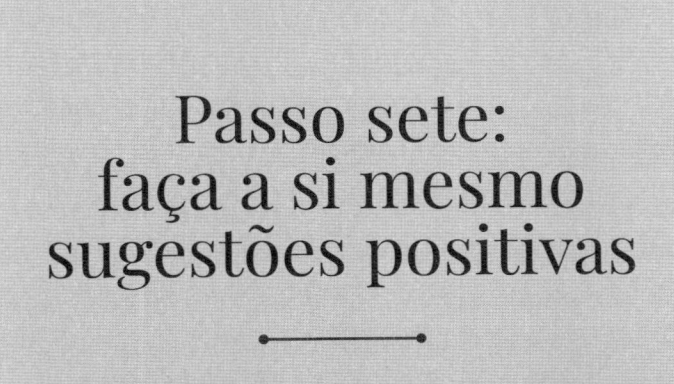

Passo sete: faça a si mesmo sugestões positivas

Condicione a sua mente para que ela sempre expresse uma Atitude Mental Positiva. Você precisa perceber que materializa os pensamentos e as atitudes em que você se prende. Você já deve ter ouvido o ditado: "Diga-me o que pensas e te direi quem és". Essa é uma paráfrase da afirmação de William James: "Nós nos tornamos aquilo em que mais pensamos".

A sua mente subconsciente pode se comunicar, e de fato se comunica, com a sua mente consciente. Conceitos, ideias, soluções para os mais variados problemas: todos eles estão esperando, oferecendo-se para vir à tona ao seu conhecimento consciente. Mais do que isso, a sua mente é um repositório de poderes conhecidos e desconhecidos. A sua mente consciente e a subconsciente podem trabalhar juntas em harmonia se você aprender a condicioná-las de maneira inteligente. No livro *Atitude mental positiva*, Napoleon Hill e W. Clement Stone explicam que, para que você consiga manter deliberadamente uma Atitude Mental Positiva, precisa controlar os estímulos externos que a sua mente recebe. Existem três formas de controle que você pode exercer: sugestão, autossugestão e sugestão automática.

Sugestão

Qualquer estímulo enviado ao seu cérebro pelos cinco sentidos – visão, audição, tato, olfato e paladar – é uma forma de sugestão. Todos eles são caminhos pelos quais os estímulos externos o influenciam diariamente. Tudo com que você tem contato fica gravado na sua mente subconsciente por meio dos cinco sentidos. Na medida do possível, controle o que entra pelos seus cinco sentidos, garantindo que sejam coisas saudáveis e gratificantes. Dedique um tempo à beleza.

Autossugestão

A autossugestão é o processo de enviar intencional e deliberadamente estímulos a si mesmo na forma de visão, audição, tato, olfato e paladar. Use imagens mentais ou pensamentos como autossugestões. Nas "sugestões", você foi aconselhado a cuidar para que tudo o que for percebido pelos seus cinco sentidos seja saudável e gratificante. Talvez você pense: "Mas é inevitável ver tudo que há de horrendo no mundo". É aí que a autossugestão entra em jogo, bem como a filosofia por trás da AMP: procure o bem em tudo que você vê, ouve, experimenta, cheira ou sente. Quanto mais você repete uma mensagem propositadamente para si mesmo, e quanto mais emoção e crença você coloca nessa mensagem, mais ela ficará impregnada na sua mente subconsciente. Ao criar padrões de pensamento positivos, você pode fazer com que essa grande verdade trabalhe para você, como já fizeram muitas pessoas bem-sucedidas.

As pessoas bem-sucedidas conhecem algum segredo especial para viver? Elas procuram o lado divertido das coisas. A partir de hoje, você também procurará. A partir de hoje, você rirá das suas imperfeições. A partir de hoje, você se recusará a se levar tão a sério. A partir de hoje, você cultivará o seu senso de humor, sempre procurando algum motivo para rir todos os dias quando sentir que precisa relaxar. A partir de hoje, você tentará fazer novos amigos, adotando uma atitude mais alegre. A partir de hoje, você usará o humor como um auxílio para a solução dos seus problemas.

Sugestão automática

A sugestão automática é a transmissão de informações armazenadas na sua mente subconsciente, trazidas de volta à sua mente consciente. Essa informação volta para você como ideias, sonhos, sensações, conceitos, princípios, soluções e pensamentos. Quando você age com a intenção de alimentar sua mente com informações e pensamentos bons e saudáveis e se mantém em um bom estado de espírito, está fornecendo ao seu subconsciente uma substância nutritiva que voltará para você. Você condiciona aquilo que a sua mente produz por meio da matéria-prima que fornece a ela.

Programadores usam a sigla GIGO, que significa *garbage in, garbage out* (lixo entra, lixo sai). Se um computador recebe dados de má qualidade, produz informações ruins. A sua mente funciona da mesma forma. Faça a sua programação mental baseada no conceito de BEBS: bem entra, bem sai. E o resultado é a manutenção automática de uma Atitude Mental Positiva.

VISUALIZE OS SEUS GANHOS

Bob Paris é um campeão internacional de fisiculturismo, antigo vencedor do Mr. Olympia e uma pessoa que citou, em um dos seus livros de treinamento, a famosa máxima de Napoleon Hill: "Tudo que a mente pode conceber e acreditar, ela pode conseguir".

Paris incorpora o poder da autossugestão e da sugestão automática em suas rotinas de treinos e insiste que elas são importantes para todo mundo que queira colher o máximo de benefícios dos esforços dedicados aos treinos. "Você precisa aprender a aperfeiçoar os exercícios e sentir os músculos trabalhando", diz. Ele chama isso de "encontrar o músculo", para que, no auge da contração, você se concentre no trabalho que o músculo está executando, visualizando-o crescer e ficar mais forte.

Paris aconselha: "Quando você não conseguir 'encontrar' um músculo durante um treino, pare um pouco… para voltar a se conectar com a sensação correta". É um bom conselho para tudo que você faz com AMP.

APRENDA FAZENDO

Faça a si mesmo sugestões positivas

A sugestão, a autossugestão e a sugestão automática são hábitos que se aprendem com atenção. A sugestão e a autossugestão são hábitos novos que você pode cultivar: são alimentos para a mente. A sugestão automática é aquela que exige mais atenção: aprender a se alegrar quando a sua atitude mental positiva se traduz em um novo pensamento ou sensação. Pratique-a diariamente.

Sugestão: crie uma regra que o obrigue a oferecer algo positivo e valioso a um dos seus cinco sentidos todos os dias. Observe uma flor. Entre em uma padaria e sinta o aroma. Vá a um concerto ou ouça uma música bonita no rádio. Sinta plenamente o sabor do pão como se fosse o único alimento que você irá ingerir naquele dia. Sinta a textura do tronco de uma árvore. O que você fará hoje para oferecer um alimento positivo para os seus sentidos?

Sugestão: _____

_____

_____

Sugestão automática: atenção consciente é a habilidade que você precisa quando se trata de autossugestão. Muitas pessoas não dão o devido valor às ideias, aos conceitos, às soluções e aos sentimentos positivos, mas com você será diferente. Você se alegrará: sim, esse é o tipo de pessoa que você é. Faça registros por um tempo de como você está desenvolvendo uma Atitude Mental Positiva. Que tipo de "alimento do bem" o seu subconsciente lhe ofereceu hoje?

Sugestão automática: _____
_____
_____

AUTOAVALIAÇÃO

Considere as situações a seguir:

1. Você acabou de descobrir que aquela promoção que tanto queria foi para outra pessoa. Como você reage?
   a. Volta ao trabalho o mais rápido possível. Não fica afundando na derrota.
   b. Pensa em pedir demissão ou ao menos procurar outro emprego em um lugar onde seus esforços serão reconhecidos.
   c. Parabeniza a outra pessoa e passa um tempo se lembrando de todas as coisas que saíram do jeito que você queria, percorrendo o seu arquivo de conquistas.

2. A briga que você teve hoje de manhã com o seu cônjuge saiu do controle, e ambos disseram coisas desagradáveis. Você é o primeiro a chegar em casa ao final do dia. Como reage quando a sua cara-metade chega?
   a. Finge que nada aconteceu.
   b. Insiste em falar mais umas verdades, para não perder a oportunidade.
   c. Sugere um jantar tranquilo em um local de que os dois gostem para que possam se lembrar que são parceiros e compartilham muitas coisas boas.

3. Você aceitou um convite para sair com o grupo de jovens da sua igreja, mas no último minuto descobre que terá de andar de patins. Você nunca andou de patins na vida. Qual é a sua atitude?

a. Prepara-se para levar vários tombos.

b. Desiste do compromisso.

c. Aluga um par de patins alguns dias antes do passeio e pratica um pouco na calçada de casa.

4. É o seu primeiro dia em um trabalho novo. O que você coloca na parede do escritório?

a. O seu diploma.

b. A descrição do seu cargo.

c. A sua lista de palavras de motivação e pensamentos de encorajamento.

Você deve sempre tentar agir pensando em proporcionar a si mesmo o tipo de estímulo adequado para manter uma AMP. Em qualquer situação, com as respostas "a", pode parecer corajoso não admitir que precisa de ajuda ou incentivo, mas você acaba ficando de fora sempre que acontece algo que não saia conforme o planejado. A AMP não é uma atitude mental *passiva*, mas sim ativa.

Você também precisa ficar atento para não acabar sugerindo a si mesmo que provavelmente fracassará ou se decepcionará. As respostas "b" são maneiras de dizer que o fracasso está rondando e, quanto mais você o procurar, mais fácil será para ele chegar até você.

As respostas "c" mostram que você está assumindo o controle da situação, estimulando a sua mente a pensar em sucesso, na sua capacidade de conquistar, enfrentar a vida e superar qualquer complicação. Os mais derrotistas dirão que é uma perda de tempo, mas, com um pouco de experiência de AMP, você saberá que é capaz de realizar qualquer tarefa com a qual se comprometer.

Bônus: anote sempre que perceber que a sugestão automática está funcionando para você. Assim, pode encontrar a solução de um problema ou uma ideia para uma nova atividade. À medida que as suas anotações forem aumentando, você terá provas de como a sua atitude mental está influenciando o seu progresso rumo ao sucesso.

PALAVRAS DE SABEDORIA

"*Trate uma pessoa como ela é, e ela permanecerá assim. Trate uma pessoa como se ela fosse o que deveria ser, e ela se transformará naquilo que é capaz de ser.*" - Johann Goethe

"*A felicidade do homem não vem de grandes golpes de sorte que acontecem ocasionalmente, mas sim das pequenas vitórias que acontecem todos os dias.*" - Benjamin Franklin

"*Coloque energia, força e vitalidade em todos os movimentos do seu corpo. Deixe o seu ambiente ser o de alguém que é ... determinado a defender alguma coisa, a ser alguém... Ouse se destacar da multidão e trilhar o seu próprio caminho.*" - Orison Swett Marden

"*O que a sua mente pode conceber e acreditar, você pode realizar com uma AMP.*" - Napoleon Hill

"Aspire à grandeza. Cada um de nós percorrerá a estrada da aventura da vida apenas uma vez, mas uma vez basta para fazer como se deve." - J. Warren McClure

"O que você tentaria fazer se soubesse que não pode falhar?" - Robert Schuller

"Minha filosofia diz que você é o único responsável pela sua vida, mas fazer o melhor neste momento o coloca na melhor posição para o momento seguinte." - Oprah Winfrey

Passo oito:
use o poder
da oração

Você pode não ter certeza da existência de Deus ou mesmo ter convicção de que Ele não existe. Mas basta uma tentativa com um pouco de boa vontade para você começar a acreditar no poder da oração.

Não importa qual nome você dê à Força Superior para a qual você ora, ainda que seja simplesmente o Universo, contanto que você admita que o mundo todo se rege de acordo com um processo ordenado. Você enxerga esse processo no fato de que o Sol nasce, que o carvalho nasce de uma bolota e não de uma semente de macieira, e que os planetas, o Sol e as estrelas se movem pelo imenso vazio do espaço obedecendo a um padrão regular e previsível.

Ao reconhecer a ordem do Universo, você verá que ela pode ser compreendida e, portanto, alterada por ações que estejam de acordo com suas regras. A oração é o processo pelo qual você reconhece o seu lugar dentro dessa ordem e começa a se preparar para alterá-la. Se você reconhece Deus e sua benevolência, tanto melhor. Mas mesmo se você tiver alguma dúvida – e essa dúvida não durará muito –, pode ainda se preparar por meio de orações, como esta:

Pai, ouça minha oração esta manhã
E conceda-me Seu auxílio
Para que eu possa fazer minha vida hoje
Digna do Senhor
Não peço que escolha o meu caminho
Senhor, abençoai-me a Seu modo

Inspira cada pensamento meu
E dai-me Sua graça.
Ajuda-nos a fazer o que nos cabe
A sermos gentis uns com os outros
E bons em tudo que fizermos
Para que possamos dar amor a cada dia.
E, irmãos, em tudo que é verdadeiro
Em tudo que é justo
Em tudo que é puro
Em tudo que é gentil
Em tudo que faz bem
Em tudo que houver virtude
e que houver mérito
Pensais em tudo isso.

Ao orar, tenha fé e acredite naquilo que você está pedindo. Na tempestade, a alma encontra abrigo na oração.

O arcebispo User orava: "Temos a certeza de que seremos ouvidos em nossas orações, porque oramos para Deus, que as ouve e concede a graça a tudo que vem a Ele".

Acredite que o Todo-Poderoso quer ouvir o que está na sua mente, por mais insignificante que possa parecer. A nossa oração e a misericórdia divina são como dois baldes em um poço: enquanto um sobe, o outro desce. A oração é o escudo da alma, um sacrifício a Deus e um tormento para Satanás.

O PODER CRIATIVO DA ORAÇÃO

Mel Ziegler foi um dos fundadores da rede de lojas de roupas Banana Republic e de uma bem-sucedida empresa de chás, chamada The Republic of Tea, que mudou o pensamento e a forma como os norte-americanos consomem essa bebida ancestral.

Ziegler encontrou e aproveitou duas vezes a maré das mudanças nos gostos dos consumidores. Alguns diriam que ele cria tendências. Mas veja o que ele tem a dizer sobre inspiração e pense em como isso se aproxima do conceito de oração:

"A criação é uma *projeção* de algo que já existe...", ele escreve. "O grande mistério que conhecemos como 'processo criativo' é, na verdade, o movimento do que ainda não existe em busca de um local adequado para nascer."

Ao se abrir para o poder da oração, que ideias você verá nascendo na sua mente?

Devemos também nos lembrar que um "não" pode ser uma resposta para uma oração. Ore a seu Pai em segredo. Então seu Pai, em segredo, o recompensará. O tempo que passamos de joelhos orando é o melhor remédio para as tensões do coração e as preocupações da mente. O coração simples que pede com amor consegue o que quer.

Como um eco em um castelo em ruínas, a oração é o eco de uma alma humana arruinada, clamando pela doce promessa do Senhor. Penetrar fundo dentro de si, como se faz ao orar, é o que abre o tesouro da infinitude para você. Você pode e irá receber a orientação divina. Chame de intuição se quiser, mas a verdade é a mesma.

Quando alguém perguntou a Henry Drummond como se faz para conhecer a vontade divina, Drummond abriu sua Bíblia e leu estas instruções da folha de rosto:

Em PRIMEIRO LUGAR, ore.

Em SEGUNDO, pense.

Em TERCEIRO, converse com pessoas sábias, mas não tome suas opiniões como verdades.

Em QUARTO, tenha cuidado para sempre fazer valer a sua vontade, mas não tenha medo. Deus nunca frustra os desejos e a natureza de alguém à toa. É um erro pensar que o desejo Dele será sempre do seu desagrado.

Em QUINTO, enquanto isso, dê o próximo pequeno passo, pois fazer a vontade divina nos pequenos passos é a melhor preparação para fazê-la nos grandes passos.

Em SEXTO, quando for necessário decidir e agir, vá em frente.

Em SÉTIMO, você provavelmente só

descobrirá depois, talvez muito tempo depois, que você foi guiado por todo o caminho.

As orações que proporcionam o maior bem são aquelas que você profere acreditando que serão atendidas.

APRENDA NA PRÁTICA

Use o poder da oração

O sacerdote episcopal Sam Shoemaker apresentou um plano – hoje chamado de "Experimento Pittsburgh" – na década de 1950. Ele se encontrava com um grupo de empresários periodicamente. Alguns deles acreditavam em Deus, outros eram agnósticos, e alguns se recusavam a acreditar. Shoemaker pediu a todos que participassem do seu experimento, que abordaria a questão da existência de Deus e se Ele pensava no bem-estar das pessoas. Elas deveriam manter a mente aberta por trinta dias, e, durante esse tempo, ele sugeriu que todas começassem o dia com uma oração:

"Bom dia, Deus. O que o Senhor tem para mim hoje? Quero fazer parte dos Seus planos."

Então, Shoemaker pediu que cada um ficasse atento ao que acontecesse, com uma mente aberta à possibilidade da evidência de Deus em sua vida. Cada um daqueles homens, ao final do período de trinta dias de "experiência", tinha resultados positivos a relatar. Todos eles tinham a certeza de terem visto provas da presença de Deus.

Tente fazer o "Experimento Pittsburgh" acreditando que você será atendido. Porque você será. Você pode manter um diário de trinta dias sobre a atuação de Deus na sua vida.

AUTOAVALIAÇÃO

Considere as seguintes situações:

1. No que você se concentra durante a sua rotina matinal antes de ir para o trabalho?
   a. Em trocar de roupa e engolir o café da manhã.
   b. Em projetar mentalmente todos os problemas que você terá que enfrentar ao longo do dia.
   c. Em passar um tempo fazendo uma oração meditativa, agradecendo pelas oportunidades que você já teve e pedindo sabedoria para aproveitá-las da melhor forma possível.

2. Você e seu cônjuge estão pensando em comprar uma casa nova. A compra pesará no orçamento, mas vocês acreditam que pode ser uma decisão financeira acertada. Ambos vêm orando bastante. Mas acabam acontecendo diversas situações que parecem sugerir que a compra exigiria mais sacrifícios do que vocês achavam inicialmente: aumento na taxa de juros, imóveis próximos sendo vendidos a preços baixos e anúncio de demissões na empresa em que seu cônjuge trabalha. O que vocês decidem?
   a. Decidem no cara e coroa.
   b. Seguem adiante com a compra, antes que algo mais dê errado.
   c. Decidem que o caminho mais sensato é esperar até estarem em uma situação melhor que lhes permita comprar a casa nova.

3. Você orou fervorosamente para que abrisse uma escola nova no seu bairro, mas a prefeitura não tem dinheiro para a construção. Você está convencido, do fundo do coração, de que a nova escola é importante e necessária. O que você faz?

a. Confia que as suas preces serão atendidas.

b. Ameaça começar uma campanha contra os vereadores da cidade se eles não aprovarem o projeto da nova escola.

c. Organiza um grupo de pais e cidadãos interessados para sair em defesa do projeto e apresentar, ao governo local, provas da importância da escola.

4. Você recebe uma promoção inesperada para liderar um departamento desorganizado na empresa. Há muito trabalho a ser feito, e é provável que haja bastante resistência. Como você adapta as suas orações?

a. Usa a mesma fórmula de sempre.

b. Reza para vencer aqueles que se opuserem a você.

c. Expressa gratidão pela oportunidade e pela responsabilidade concedidas e pede sabedoria para aproveitá-las da melhor forma.

O poder da oração é uma via de mão dupla. Por um lado, você se abre para a sabedoria da Autoridade Superior que ordena o Universo. O aspecto contemplativo da oração permite que você enxergue soluções e encontre uma sabedoria que antes parecia inatingível. Nesse sentido, o poder da oração é *externo*, pois ele o leva a coisas que você ainda não tem.

O poder *interno* da oração é o efeito que ela causa na sua mente. Ao adotar uma atitude grata e otimista nas suas orações, você reforça o poder da autossugestão que aprendeu no Passo Sete. Se você inicia o seu dia com orações, conecta essa autossugestão à força mais poderosa do Universo: a grande Inteligência que o criou.

As duas primeiras respostas "a" não reconhecem a existência desse poder. Você precisa dedicar um tempo à oração todos os dias. A princípio, pode parecer mais uma tarefa que gastará o seu tempo, mas você logo apreciará a tranquilidade e o equilíbrio proporcionados pela oração, mesmo no meio de uma manhã caótica. E assim que se entregar à oração, reconhecerá que é tolice tomar decisões ao acaso, podendo recorrer à sabedoria de toda a criação.

O poder dinâmico da oração também exige que ela não seja repetida de forma mecânica. As duas outras respostas "a" cometem o erro de presumir que aquilo que você está pedindo simplesmente acontecerá porque você orou. Você precisa adaptar de maneira clara e consciente as suas orações às mudanças das circunstâncias, bem como estar disposto a agir para buscar as coisas pelas quais você ora. A AMP exige que você esteja disposto a trabalhar e assumir riscos para conquistar qualquer coisa. As suas orações não deveriam ser uma lista de desejos, mas sim uma lista de desafios que você está preparado para enfrentar.

É prudente e importante orar pedindo ajuda para superar os obstáculos, mas é tolo orar quando você está se concentrando em coisas que não quer que aconteça. As respostas "b" representam um uso equivocado da oração e daquilo que você espera obter com ela. Nunca tente invocar uma vingança contra os seus inimigos ou lembrar a Infinita Inteligência (ou você) de tudo que pode dar errado no seu dia.

As respostas "c" representam a atitude adequada diante da oração e das respostas que ela traz. Se você sempre tiver o hábito de agradecer pelas bênçãos que recebe, será mais fácil reconhecer quando uma oração apontar que o momento não é adequado para determinada escolha. Qualquer possível decepção passa a ser vista a partir de uma perspectiva adequada se você faz suas orações servirem como um lembrete de todas as coisas boas que você já conquistou.

Bônus: as sete sugestões de Henry Drummond para saber que a vontade de Deus também pode trabalhar a seu favor:

1. Qual é a questão que você deseja tratar nas suas orações?

2. Após orar, que pensamentos lhe vêm a respeito da questão?

3. O que as pessoas sábias com quem você conversou disseram sobre a questão?

4. Quais são as suas inclinações a respeito desse assunto?

5. Qual é o próximo passo a dar?

6. Alguma sugestão ou ação está lhe ocorrendo?

7. Veja o que acontece (e faça um registro comemorativo aqui).

PALAVRAS DE SABEDORIA

*"Quem pouco ama, pouco ora.
Quem muito ama, muito ora."*
– Santo Agostinho

*"A oração é uma efusão sincera,
sensível e afetuosa da alma a Deus."*
– John Bunyan

*"Tantas vezes já me ajoelhei com a
devastadora convicção de que eu não
tinha mais a quem recorrer. A minha
própria sabedoria e tudo o mais que
havia em mim pareciam insuficientes
naqueles dias."* – Abraham Lincoln

*"Deixe a oração ser a chave que
abre a sua manhã e a tranca que
encerra a noite."* – Matthew Henry

*"A oração é a porta para o
paraíso."* – Thomas Brooks

*"Para o homem, a oração é tão natural
que nenhuma teoria pode fazê-lo
deixar de orar."* – James Freeman Clark

"A oração é o primeiro sopro divino de vida, é a pulsação da alma que crê." - T. Scott

"Tudo o que pedirmos a Deus, que possamos também trabalhar por isso." - Jeremy Scott

"Como na poesia, assim é na oração, toda a essência deve vir do coração." - Edward Payson

"O seu maior poder se encontra no poder da oração." - W. Clement Stone

Passo nove: defina metas

Só você pode decidir o que quer da vida. E quando decidir, poderá tomar posse da sua mente e usá-la para atingir os objetivos de sua escolha. E você pode realizar literalmente qualquer coisa – contanto que não viole as leis de Deus ou os direitos dos outros. Você pode sentir a emoção de saber que é capaz de atingir qualquer meta ou objetivo a que se propor.

Traçar metas é uma das maneiras de concentrar a mente nas coisas que você deseja e desligá-la das que você não quer, que é o ensinamento do Passo Dois. Você precisa aprender a definir metas de curto e longo prazos diariamente. Isso é muito importante. Escreva as suas metas em uma folha de papel. Visualize-se atingindo tais metas. Retome-as constantemente de uma maneira positiva e esperançosa.

O ponto de partida para realizar metas baseia-se nos cinco passos abaixo:

Determinar
Avaliar
Definir
Identificar
Repetir todo dia

ESCOLHA

No livro *Think and Grow Rich: A Black Choice*, Dennis Kimbro e Napoleon Hill salientam a importância das metas para fazer algo de valor na vida. Veja alguns dos exemplos que eles citam:

o Gwendolyn Brooks não consegue se lembrar de um momento sequer em que não tenha desejado ser poetisa. Aos quinze anos, ela já publicava poesias e recebia elogios, que continuou recebendo ao se tornar a primeira pessoa negra a ganhar um Prêmio Pulitzer.

o A velocista Florence Griffith-Joyner ficou em segundo lugar nas Olimpíadas de 1984. Ela decidiu que o segundo lugar não bastava e traçou a meta de ganhar três medalhas de ouro nos jogos seguintes. Ela ganhou e quebrou recordes mundiais em todas as vezes.

Você pode dizer a si mesmo que quer ser uma pessoa importante, mas, enquanto não definir exatamente o que isso significa, continuará sendo a mesma pessoa que já é.

Você pode usar os cinco passos citados acima para realizar qualquer objetivo que escolher. Determine e defina na sua mente EXATAMENTE aquilo que você deseja. Seja específico. Avalie e determine EXATAMENTE o que você terá de oferecer em troca. Defina uma data para quando você deseja chegar lá. Identifique o seu desejo com um plano definitivo a ser implementado para atingir o seu objetivo. Coloque o seu plano em ação imediatamente. Recomendo que você memorize as palavras *Faça agora* e as repita cinquenta vezes pela manhã, cinquenta vezes à noite, algumas vezes durante o dia, com entusiasmo e agilidade, de uma semana a dez dias, até que elas tenham criado raízes no seu subconsciente. A partir de então, sempre que necessário, você passará a agir prontamente.

O sucesso é daqueles que tentam. Quando não há nada a perder tentando e muito a ganhar se der certo, por favor, tente... FAÇA AGORA!

Repita o seu plano passo a passo por escrito. Anote de maneira clara e concisa EXATAMENTE o que você quer, EXATAMENTE quando você pretende conseguir e EXATAMENTE o que você pretende dar em troca. Seja preciso: a imprecisão é a sentença de morte da realização dos objetivos.

Todos os dias, de manhã e à noite, leia as suas afirmações por escrito em voz alta. AO LER, VISUALIZE-SE JÁ TENDO CONQUISTADO O SEU OBJETIVO. VEJA. SINTA. ACREDITE.

APRENDA FAZENDO

Defina metas

Defina uma meta agora mesmo. Para isso, utilize os passos que você acabou de aprender.

Determine: o que você quer? Seja específico.

Avalie: o que você dará em troca?

Defina uma data: quando você terá o que quer?

Identifique: trace um plano. O que você fará para começar?

Repita: o seu passo a passo por escrito (talvez você precise de mais espaço do que o oferecido aqui).

Passo 1. _____

_____

_____

_____

Passo 2. _____

_____

_____

_____

Passo 3. _____

_____

_____

_____

Passo 4. _____

_____

_____

_____

Passo 5. _____

_____

_____

_____

Todos os dias, de manhã e à noite, leia as suas frases em voz alta. Ao ler, visualize-se já tendo atingido o seu objetivo.

AUTOAVALIAÇÃO

Responda às perguntas a seguir:

1. Qual a melhor descrição dos seus objetivos?
   a. Não consigo realmente descrevê-los.
   b. Não ser demitido, evitar dívidas, não ficar doente, minimizar conflitos em casa.
   c. Ter um plano claro para meu crescimento profissional, metas financeiras claras, praticar atividade física regularmente para melhorar a saúde, fortalecer o relacionamento conjugal.

2. O que você está fazendo para atingir tais objetivos?
   a. Fantasiando sobre como seria a vida.
   b. Lutando para evitar perder espaço e lidando com todas as crises assim que elas surgem.
   c. Seguindo um plano por escrito, que revejo diariamente, traçando os passos imediatos e de médio e longo prazo.

3. O que você pretende dar em troca para realizar os seus objetivos?
   a. Não tenho nem ideia.
   b. O mínimo possível, já que foi bem difícil chegar até aqui. Preciso ficar rico rápido.
   c. Todo o tempo, a energia, a dedicação e o serviço que me for exigido e o que mais for necessário.

4. Qual foi a última vez que você revisou os seus objetivos?

   a. Não posso revisar porque eles não foram traçados.

   b. Em meio à última crise.

   c. Hoje, pois faço isso todos os dias.

Não existe evidência maior de uma atitude passiva diante da vida do que deixar a roleta girar ao acaso, sem definir objetivos. Não é possível chegar a um lugar onde você nunca esteve sem planejar uma viagem. As respostas "a" já explicam de imediato por que você está insatisfeito com a atual situação da sua vida. Como pode reclamar que as coisas não estão do seu agrado se você nem sabe o que quer?

A armadilha em que muitas pessoas caem é dizer a si mesmas que têm objetivos, mas expressá-los em termos negativos. Como você já aprendeu, concentrar-se no que você não quer é uma maneira quase certa de fazer com que aquilo aconteça. As duas primeiras respostas "b" ilustram esse tipo de atitude mental negativa.

Assim como nas orações, você precisa saber que nem mesmo objetivos expressos de maneira positiva são atingidos por causa de um simples desejo. Você precisa assumir um papel ativo e estar disposto a dar algo em troca daquilo que deseja conquistar. Seja como Henry Ford, que ficou imensamente rico produzindo automóveis, seja como Henry Fonda, que ficou muito famoso oferecendo entretenimento de extrema qualidade: você precisa dar para receber. Essa é a lição que você deve aprender com a terceira resposta "b".

A quarta resposta "b" mostra a importância de manter-se focado em suas metas. Todos os dias você tomará diversas decisões capazes de afetar a possível concretização de seus objetivos. Para fazer isso melhor, lembre-se regularmente de quais são as suas metas; assim, você pode agir no sentido de atingi-las.

As respostas "c" representam um jeito de viver centrado, possibilitado pelo estabelecimento de metas aliado a uma AMP. Você sabe o que quer e concentra os pensamentos nisso. Você tem um plano para realizar as suas ambições, que revisa com frequência. Dessa forma, todas as suas ações e orações o levam na direção de um destino escolhido.

É provável que, em diversos momentos da vida, você pense em mudar seus objetivos. Não se abale quando isso acontecer. Todos nós ganhamos sabedoria e acabamos encontrando oportunidades com as quais nem sequer sonhávamos. Se você sabe bem o que quer e sabe por experiência própria que pode chegar lá, será capaz de analisar as chances e, se assim decidir, se entregar com confiança. Essa é a essência da AMP.

Bônus: escreva em um pedaço de papel os seus objetivos para o dia e guarde-o no bolso. Será um lembrete sempre que você colocar as mãos no bolso. Não tem bolso? Então mantenha o papel em um lugar onde você o veja várias vezes ao longo do dia.

PALAVRAS DE SABEDORIA

"Uma jornada de mil quilômetros começa com um único passo." – Lao-Tsé

"E tudo quanto fizerdes, fazei-o de todo o coração." – Colossenses 3:23

"A princípio, todo trabalho nobre é impossível." – Thomas Carlyle

"O mais importante da vida não é a situação em que estamos, mas a direção para a qual nos movemos." – Oliver Wendell Holmes

"Quatro passos para a conquista: planeje com propósito, prepare-se em oração, prossiga com positividade e busque com persistência." – William A. Ward

"A maioria das pessoas não planeja falhar; elas falham ao planejar." – John L. Beckley

"Há riscos e custos envolvidos em um programa de ação, mas eles são muito menores do que os riscos e os custos de longo prazo de uma inércia confortável." – John F. Kennedy

"Vidas fortes são motivadas por propósitos dinâmicos."
– Kenneth Hildebrand

"Você precisa ter muito cuidado se não sabe aonde está indo, porque talvez você não chegue lá." – Yogi Berra

"Sempre quis ser alguém, mas eu deveria ter sido mais específica." – Lily Tomlin

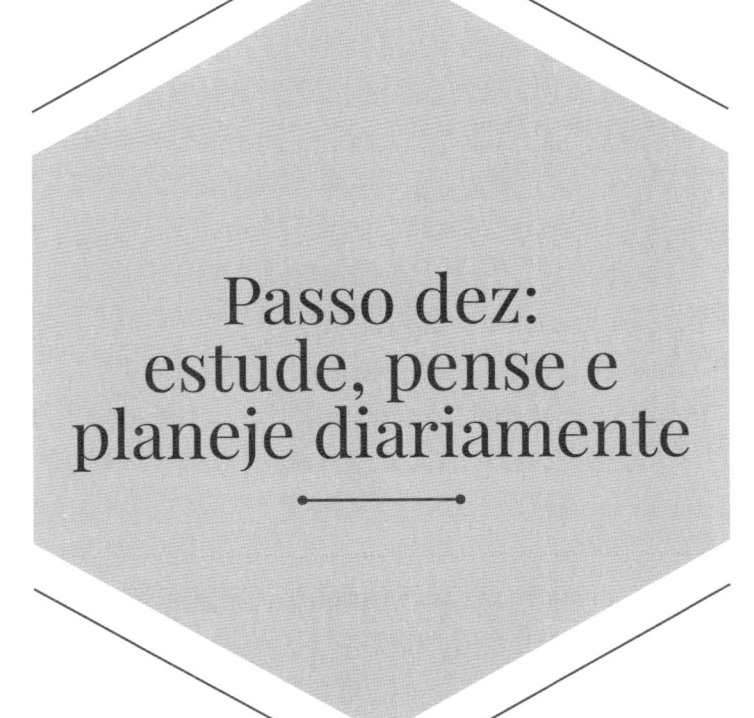

Passo dez:
estude, pense e
planeje diariamente

Você tem o dever consigo mesmo de desenvolver e manter uma Atitude Mental Positiva para obter da vida tudo o que deseja. Um senhor se aproximou de mim e contou que estava enfrentando vários problemas. Ele estava bastante infeliz, embora fosse muito bem-sucedido no ramo de vendas de seguro de vida em uma grande empresa. Perguntei-lhe se ele tinha livros motivacionais de autoajuda, e ele respondeu que sim, que tinha esse tipo de livro em sua biblioteca. Então perguntei: "E você os lê?". "Não, não tenho tempo", ele disse.

O mais interessante é que pessoas bem-sucedidas reservam um tempo para fazer o que importa, especificamente ler e estudar livros de autoajuda com o propósito de acumular riqueza financeira, conquistar sucesso em alguma profissão ou negócio específico ou ter mais saúde física, mental ou moral.

Para isso, é importante que você passe um tempo TODOS OS DIAS consigo mesmo. Isso significa que passará de quinze a vinte minutos:

1. Pensando nos seus objetivos… com AMP.
2. Analisando as suas atitudes… com AMP.
3. Analisando as suas ações e os seus pensamentos… com AMP.
4. Lendo materiais motivacionais e de autoajuda, ainda que seja apenas um parágrafo, uma página, um capítulo… com AMP.
5. Reservando um tempo para estudar, pensar e planejar… com AMP.

APRENDA FAZENDO

Estude, pense e planeje diariamente

Prepare-se para uma vida emocionante com AMP. O que você vai estudar? Em primeiro lugar, leia um livro, artigo ou editorial motivacional ou de autoajuda, ou ouça áudios motivacionais. Você só precisa de quinze minutos ou, se preferir, apenas um capítulo breve, mas tente entender o que o autor está propondo. Use um dicionário se precisar. Determine quais princípios podem ser aplicados a você. Memorize frases de motivação que você acredite que possam ajudar. Escolha um ambiente onde você possa se concentrar sem ser incomodado. Mantenha um bloco de anotações e um lápis ou caneta à mão. Além disso, prepare-se para o futuro mantendo um caderno permanente no qual você anotará resoluções, frases de motivação ou ideias que deverão ser revistas regularmente (se nenhuma outra ideia surgir, este livro servirá como uma fonte riquíssima para você sentir o prazer da releitura. Há também outras sugestões na seção Leituras Adicionais, ao final).

Meu primeiro recurso de estudo será:

_____

_____

_____

W. Clement Stone certa vez me disse que a diferença entre um romance e um livro de autoajuda é a seguinte: em um romance, o autor escreve o desfecho; nos livros de autoajuda, o leitor escreve o desfecho por meio da ação que realiza.

Prepare-se para escrever a sua própria história de sucesso. Reserve um tempo, arranje um tempo. Descubra qual é o melhor momento do dia para você estudar, pensar e planejar.

Meu momento de estudo/reflexão/planejamento será:

_____

_____

_____

AUTOAVALIAÇÃO

Faça-se as seguintes perguntas:

1. Como é o meu compromisso de reservar um tempo diariamente para estudar, pensar e planejar o meu progresso rumo ao futuro que desejo?
   a. Não me comprometi.
   b. Arranjo algum tempo quando dá.
   c. Reservo sempre um momento do meu dia para ficar livre de quaisquer distrações.

2. Os seus amigos o convidam para um encontro ao final de um dia caótico. Você havia planejado passar o tempo livre estudando, planejando e refletindo. O que você faz?
   a. Aceita o convite.
   b. Diz a si mesmo que o que você precisa é relaxar um pouco, e não se concentrar ainda mais.
   c. Concorda em se encontrar com eles depois de estudar um pouco, pois você reconhece que, depois de um dia cansativo, o que você mais precisa é reafirmar seu compromisso com os seus objetivos e fortalecer a sua determinação.

3. Como você escolhe as suas leituras?

a. Que leituras?

b. Procura qualquer coisa que o distraia das pressões da rotina diária.

c. Seleciona leituras variadas, inclusive biografias, livros motivacionais, de desenvolvimento pessoal ou áudios, análises da situação atual ou literatura de alto nível.

4. Quando você termina uma leitura, o que faz em seguida?

a. Descansa.

b. Passa para a próxima leitura o mais rápido possível.

c. Dedica um tempo para refletir sobre o que acabou de ler e como aquilo pode ter ramificações na sua vida. Faz anotações no seu diário ou registra citações importantes da obra.

Se você procurar reservar um tempo para estudar e planejar com AMP, sentirá quase imediatamente os benefícios tremendos desses momentos. Pode parecer um trabalho a princípio, mas lembre-se do que Thomas Edison disse: "A maioria das pessoas não reconhece as oportunidades porque elas vêm disfarçadas de trabalho".

As respostas "a" representam uma total falta de entusiasmo e satisfação que poderiam ser proporcionados pela certeza de estar administrando o tempo com cuidado. Por que alguém evitaria pensar nas coisas boas que virão? Se alguém lhe dissesse que você pode dobrar seus conhecimentos com vinte minutos por dia, você não iria querer aproveitar esses vinte minutos? Com certeza.

Mas você precisa se comprometer com o tempo necessário. É uma parte fundamental daquilo que Dennis Conner chamou de "compromisso com o compromisso". As respostas "b" demonstram que há inúmeras distrações e desculpas para evitar dedicar o tempo necessário para expandir a sua mente. Se você não consegue assumir e manter o compromisso, descobrirá que os benefícios que poderia estar colhendo vão escapar das suas mãos, gerando outra desculpa para você se descuidar das promessas que fez a si mesmo.

O segredo para fazer o tempo de estudo e planejamento valer a pena é se desafiar. Explore novos mundos, novas filosofias, olhe para a sua situação a partir de uma nova perspectiva. Há inúmeras maneiras de fazer isso. Há alguma área de conhecimento que sempre o fascinou, mas que você nunca explorou? Por que não começar agora? Não precisa ter sempre um benefício imediato aparente, mas provavelmente os novos conhecimentos darão frutos de formas imprevisíveis. Imagine que você decida se aprofundar em enologia. Ao ler sobre vinhos, você aprenderá muito sobre geografia, agricultura, história, gastronomia, culturas diferentes, química e até *marketing*. Em quais dessas áreas você gostaria de se aprofundar em seguida? Que oportunidades você vê ali?

Lembre-se de que você já passou daquela fase da vida em que vai para a escola simplesmente porque alguém o obriga. O tempo que você passa estudando é todo seu. Faça valer a pena.

Bônus: se você conseguir reservar vinte minutos pela manhã e mais vinte minutos à noite, são cerca de cinco horas inteiras para você em uma semana. Em um ano, você terá "arranjado" quase uma semana e meia a mais. Esse é o tempo que você usará para estudar, refletir, planejar e orar.

Recomendo fortemente que você dedique algum tempo das suas horas de lazer para pensar com AMP, uma atitude mental positiva. Em relação ao pensamento criativo, lembro-me de uma história verídica que poderá despertar seu interesse, assim como despertou o meu quando me foi contada por W. Clement Stone. Quando Anthony Athanas abriu o restaurante Anthony's Pier 4, em Boston, em 1963, quem você imagina que ele convidou para a noite de inauguração? O presidente, o governador ou astros da TV, do cinema e do teatro? Não. Ele convidou todos os taxistas que ele conseguiria atender, com suas esposas ou namoradas. O Pier 4 tornou-se um dos restaurantes mais bem-sucedidos e lucrativos dos Estados Unidos. Quando você chega em Boston, como eu fiz, e pergunta ao taxista "Qual é o melhor restaurante da cidade?", você até já imagina a resposta. O negócio de Anthony deu certo porque ele encontrou o que procurava ao dedicar tempo para estudar, pensar e planejar.

Use estas estratégias de planejamento:

1. Condicione a sua mente. Se você teve uma formação religiosa, achará útil orar pedindo orientação, pois o seu maior poder é o da oração.

2. É bom pensar em áreas distintas: vida pessoal, família, negócios ou profissão, finanças ou o que mais for interessante para você. Determine objetivos específicos e prazos para realizá-los. Você pode ter mais do que um grande propósito definido, contanto que os seus objetivos não sejam conflitantes.

3. Faça-se algumas perguntas. Anote-as. Por exemplo, Anthony Athanas perguntou: "Quem devo convidar para a inauguração e que poderá atrair o máximo de clientes para o Pier 4?". Anthony então chegou à resposta por meio do pensamento criativo. Pense nas muitas possibilidades quando fizer as perguntas. Anote-as. Decida qual é a mais adequada. Em seguida, essa resposta deve ir para o seu caderno permanente.

4. Você deve planejar fazer uma autoanálise regularmente, de preferência todos os dias. Use o seu caderno permanente para isso.

PALAVRAS DE SABEDORIA

*"O tempo é o bem mais
precioso que se pode gastar."*
– Laércio Diógenes

*"A diligência é mãe da sorte,
e Deus a concede a todos que
trabalham com afinco."*
– Benjamin Franklin

*"Você só saberá o que é suficiente
se souber o que é mais do que
suficiente."* – William Blake

*"As alturas às quais
os grandes homens chegaram
não foram conquistadas de repente.
Enquanto seus companheiros
descansavam, eles subiam a
montanha, incansáveis e resilientes."*
– Henry Wadsworth Longfellow

*"A curiosidade é a primeira
escola da natureza."*
– Smiley Blanton

"Nada na vida é mais empolgante e gratificante do que uma ideia que chega e muda a sua vida — não só muda, como muda para melhor." - Arthur Gordon

"Para mim, a leitura foi e continua sendo um ato revolucionário. É a leitura que expande a minha mente e me dá as ferramentas necessárias para revolucionar o meu espírito, a minha mente e a sociedade. Decida ler, decida aprender, decida sonhar." - Bertice Berry

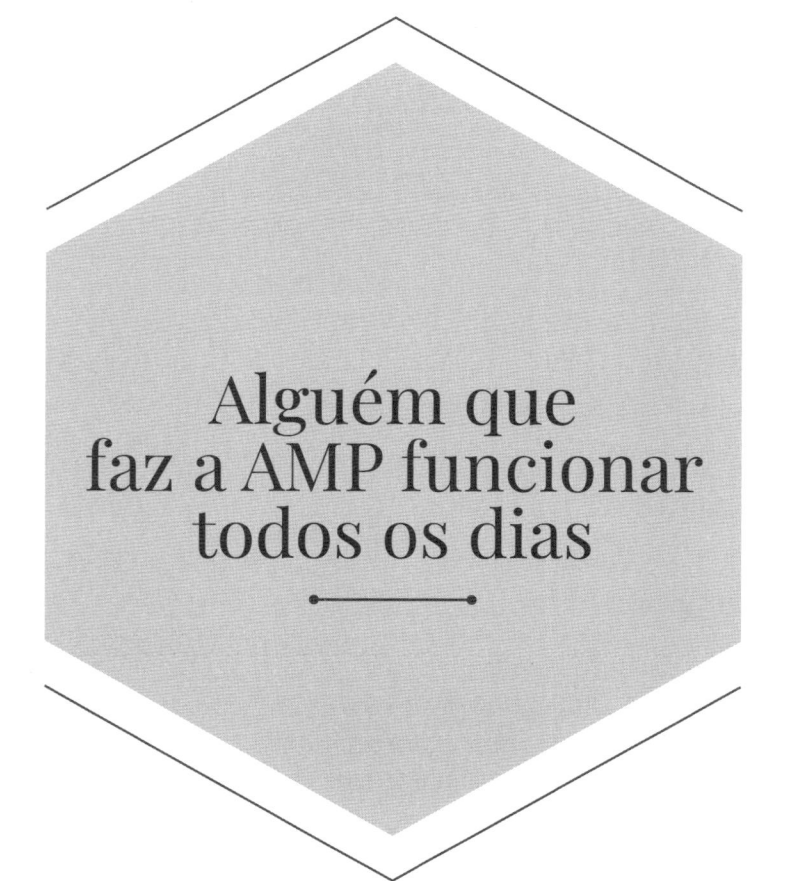

Alguém que faz a AMP funcionar todos os dias

O poder da AMP é enorme. Ela pode levá-lo aonde você desejar. Ela já ajudou inúmeras pessoas, que passaram de uma situação medíocre a uma posição onde encontraram riqueza, felicidade e sucesso.

Um dos exemplos mais inspiradores do que a AMP pode fazer é o de W. Clement Stone, um homem que assumiu a missão de usar a AMP em tudo que fosse possível. Sua vida oferece uma verdadeira demonstração do impacto que uma atitude construtiva e positiva pode ter. Trabalhei com ele por quase cinquenta anos e não conheço ninguém que tenha usado a AMP melhor do que Stone.

Sob qualquer perspectiva, a vida de Stone é um sucesso. Ele viveu mais de 95 anos, 75 dos quais casado com a mesma mulher, sempre acumulando riquezas, fruindo da felicidade e ganhando o respeito dos seus semelhantes. Presidente emérito da Aon Insurance Companies, uma das maiores empresas de seguros dos Estados Unidos, estima-se timidamente que ele seja multimilionário. Ele já doou centenas de milhões de dólares a instituições de caridade e pessoas carentes.

Autor de três livros, Stone também teve o prazer de compartilhar suas ideias sobre AMP com milhares de pessoas que ficaram ricas trabalhando para ele. É um defensor incansável da ação mental positiva. Com suas palavras e ações, ele mostra ao mundo todo as muitas maravilhas que a AMP pode fazer.

Vamos ver cada um dos dez passos que este livro apresenta para o desenvolvimento da AMP e observar como W. Clement Stone os colocou em prática. Ao examinar a vida dele, você pode encontrar mais maneiras de usar o poder da AMP na sua.

Passo um: apodere-se da sua própria mente com convicção

Você se lembra dos lemas que pedimos para você adotar no Passo Um? Uma das partes mais importantes é a seguinte:

> Acredito que posso guiar e controlar os meus sentimentos, humores, emoções, intelecto, tendências, atitudes, paixões e hábitos com a intenção de desenvolver uma atitude mental positiva.

Veja o que Stone disse sobre a ideia de controlar a própria mente:

> Sempre defendi a ideia de escolher pensamentos e palavras que possam ser imediatamente invocados para a mente consciente para enfrentar influências negativas que encontramos todos os dias na vida[…]
>
> Desde a adolescência, me preparo conscientemente para neutralizar sugestões negativas que me possam ser dadas por outras pessoas. Se alguém me diz "não dá para fazer" ou "você não consegue", minha mente subconsciente manda imediatamente uma mensagem para a minha mente consciente, traduzindo a mensagem de forma positiva: "Ele não consegue, mas eu consigo!". Pratico com tanta frequência que já se tornou uma resposta automática e instantânea.

Stone não está exagerando. Na verdade, ele está minimizando a história verídica. Nascido na virada do século, em Chicago, ele perdeu o pai com apenas três anos de idade. Sua mãe trabalhou muito para sustentar dois filhos, mas o dinheiro era tão pouco que, com seis anos, Stone começou a vender jornais em uma esquina. Os outros garotos que vendiam jornais eram todos adolescentes, e as táticas deles eram cruéis: batiam no mais jovem para mandá-lo embora.

Mas Stone não desistiu. Começou a entrar em restaurantes e lojas em busca de clientes: "Comecei a aprender a superar o medo por meio da ação". Aquela capacidade de agir apesar do medo é a essência da AMP: colocar os poderes positivos da sua mente à frente das forças negativas que você enfrenta na vida.

Nem sempre é fácil encarar uma experiência negativa com ações e pensamentos positivos. É por isso que Stone sempre usou *frases motivacionais*, aqueles pensamentos fáceis de lembrar aos quais você pode recorrer para acender a sua AMP.

Seguem abaixo algumas das frases motivacionais pessoais de Stone:

1. Faça AGORA!
2. Estamos com um problema – e isso é bom!
3. Sonhe alto!
4. Em cada adversidade há uma semente de um benefício maior ou equivalente para quem tem AMP!
5. O sucesso é para aqueles que tentam e seguem tentando, sempre com AMP!

Observe que cada uma dessas frases é enfática. Elas terminam com um ponto de exclamação para que, quando Stone se lembrasse delas, causassem um efeito mental forte. Esta é a essência do significado de apoderar-se da própria mente: escolher o tipo de atitude com a qual você avalia tudo o que acontece com você. Como Stone diz:

> Se existe uma característica que separa as pessoas de sucesso daquelas que estão destinadas a uma vida de fracasso e derrota, é a Atitude Mental Positiva. Onde uma pessoa negativa vê problema,

uma pessoa com AMP vê oportunidades. O seu futuro será ilimitado se você optar pelo caminho positivo, e, ao desenvolver uma atitude de vencedor, você logo descobrirá que a sua renda e a sua riqueza dependem inteiramente de você.

Passo dois: pense nas coisas que você deseja e pare de pensar nas coisas que você não quer

Este passo é a consequência lógica do Passo Um, a aplicação específica da ideia geral de AMP. Ele exige prática e atenção constantes, mas oferece um benefício em dobro: 1) você se liberta da preocupação e do medo, e 2) começa a criar as situações necessárias para obter aquilo que deseja.

"Desde que nascemos, somos condicionados a ser negativos", Stone admite. "Ouvimos repetidas vezes o que não podemos fazer e por que não podemos fazer tal coisa. É preciso um esforço deliberado, consciente e contínuo para manter as forças negativas sob controle."

Tendo trabalhado como vendedor por mais de noventa anos (!), Stone sabe do que está falando. Em todos os encontros com clientes potenciais, havia a possibilidade de alguém dizer "Não!" para ele. E mesmo o melhor dos vendedores sabe que isso acontece com frequência. Mas o segredo para lidar com uma decepção potencial é não se martirizar pela possibilidade de ouvir um "Não". Pelo contrário, você deve concentrar todos os seus pensamentos no "Sim!".

"A pequena diferença entre a felicidade e o sucesso e a infelicidade e o fracasso é se a sua atitude é positiva ou negativa", Stone costumava dizer. "A sua atitude é uma das poucas coisas na vida sobre as quais você tem poder total e absoluto."

Stone dá dicas para concentrar a mente no lado positivo sempre que surgirem pensamentos negativos que ameaçam sobrecarregá-lo:

○ *Prepare-se:* concentre-se no trabalho a fazer, assim como um atleta profissional se concentraria no jogo que tem pela frente, ou como um ator se concentraria na cena em que irá atuar. Você está aqui para vencer: permita-se sentir a emoção da vitória antecipadamente.

○ *Tenha autoconfiança:* saiba que, independentemente do que for dito, uma "venda" acontecerá. Ou o cliente potencial vai vender os motivos dele para não querer o seu produto ou serviço, ou você venderá a ideia de que ele precisa daquilo. Entre na situação de "venda" com confiança, sabendo que você dominará a conversa e que conseguirá vender. Se tem dificuldades para sentir confiança, comece agindo como se já fosse confiante, e o sentimento vai tomar conta de você.

○ *Alivie a tensão:* se você estiver nervoso ou assustado, ou se não estiver conseguindo controlar suas emoções, fale com um tom de voz animado, para neutralizá-las. Suas emoções nem sempre são sujeitas à razão, mas são sujeitas à *ação*! Uma maneira efetiva de fazer isso é sorrindo, e lembre-se de sorrir com o olhar e com todo o seu rosto. Ria e use o humor para aliviar a tensão. Assim, você ficará menos tenso também com as outras pessoas, pois elas irão rir e sorrir com você. Independentemente dos sentimentos dos outros, você tem o poder de influenciar as reações deles com aquilo que diz e a forma como diz, e com aquilo que você faz e a forma como faz.

Stone sempre foi um mestre nessa última técnica. Homem cheio de estilo e com uma aparência impecável, ele tinha como marca registrada um bigode virado para cima que fazia parecer que estava sempre sorrindo. Ele sempre começava uma reunião, fosse com a diretoria de uma empresa, fosse com um grupo de representantes de vendas, trazendo boas notícias, normalmente uma lista com no mínimo cinco itens. Ele se animava com tudo de positivo que tivesse acontecido, usava os acontecimentos para acender a própria motivação e espalhava a chama para todas as outras pessoas que estivessem na sala. Ele podia estar ali para tratar de algo que não tinha saído conforme o planejado, ou para conversar com um grupo de trabalhadores medíocres, mas, não importa qual fosse a sua intenção, ele sempre começava trazendo a atenção de todo mundo para as coisas boas que estavam acontecendo. Dessa forma, garantia que continuasse assim.

Havia outra coisa que Stone fazia e que revelava um enorme poder de controle sobre sua mente: em todos os anos de convivência, como amigo e como parceiro de negócios, nunca o ouvi reagir a qualquer imprevisto com uma palavra mais forte do que "raios". Para um homem com um império multimilionário, que recebeu uma boa dose de notícias desagradáveis em seus diversos negócios, esse é um exemplo incrível de controle mental.

Quase todo mundo deixa escapar um palavrão ou outro ocasionalmente, e raramente isso indica algum sinal de desequilíbrio mental. Mas eles geralmente são proferidos em explosões de raiva e frustração e revelam como atitudes negativas poderosas podem nos surpreender. O histórico impecável de Stone é uma prova do grau de condicionamento de suas reações mentais, programadas para se manterem positivas em qualquer situação.

Sempre que você se deparar com um percalço e conseguir manter o controle da sua atitude mental, é como conseguir fazer uma repetição a mais no supino na academia. Você está treinando a sua mente para deixá-la mais em forma e fazer mais do que antes. Como Stone diz, a AMP "é um processo que precisa ser praticado o tempo todo, até desenvolver o hábito de agir com autoconfiança sempre que começar a duvidar de si mesmo. Assim como os seus músculos ficam fortes e resistentes com a musculação e o uso constante, o mesmo acontece com a sua mente".

Passo três: viva segundo a Regra de Ouro

Faça aos outros o que você gostaria que fizessem a você. Você já deve ter ouvido tanto essa frase desde criança que a sua mente fica até anestesiada quando a ouve novamente. Se deixar isso acontecer, estará se enganando quanto aos conhecimentos e benefícios provenientes de uma das ideias mais fundamentais por trás da AMP.

Ao longo de sua carreira, Stone lidou com centenas de vendedores e outros funcionários que trabalharam para ele. Em sua relação com todos, ele se doava aos outros, sabendo que o que quer que aquilo custasse em termos de tempo ou dinheiro, ele receberia de volta de alguma forma.

Eu estava recém-casado e tentando comprar a minha primeira casa quando descobri como Stone era generoso. Eu havia pedido um empréstimo, mas me fora negado, pois minha renda mensal era trinta dólares abaixo da que era exigida para conseguir aprovar o financiamento. Bom, pensei, eu estava quase lá e não demoraria muito para começar a ganhar o suficiente. E quando conseguisse, imaginei que eu e minha esposa encontraríamos outra casa que nos agradaria tanto quanto aquela.

Mas a notícia daquele meu imprevisto se espalhou pela empresa, e acabei sendo chamado ao escritório de Stone. "Mike, é verdade que você ganha trinta dólares a menos por mês do que precisaria para comprar uma casa?", ele me perguntou. Quando confirmei, ele pareceu surpreso, quase magoado.

"E por que você não veio até mim? Eu ficaria feliz em ajudar." E, naquela mesma hora, ele me deu o aumento de que eu precisava para comprar minha primeira casa.

Trinta dólares por mês não eram nada para Stone, mas fizeram uma enorme diferença para mim e para minha esposa. E, embora Stone tivesse me dado o dinheiro, retribuí, trabalhando mais do que nunca, ficando além do meu horário todos os dias e indo ao escritório durante os finais de semana para que ele soubesse como eu era grato pelo que fizera por mim.

Aquela generosidade automática e instantânea foi a marca característica da vida de Stone. De vez em quando, aparecia um artigo no jornal sobre uma família que havia perdido a casa ou um casal de outra cidade que tinha sido roubado. Poucos dias depois, aparecia outro artigo no jornal sobre um benfeitor misterioso que havia providenciado roupas para a família ou pagado a conta do hotel do casal e lhes comprado uma passagem para voltar para casa.

Quem entre nós que visse o olhar preocupado de Stone ao ouvir aquelas histórias sabia que o garotinho que começara a trabalhar aos seis anos de idade geralmente era o benfeitor misterioso. Era quase como um *hobby* para ele. "Quanto mais ganhamos, mais temos para compartilhar com os outros", ele escreveu certa vez. "Uma coisa que aprendi é que as verdadeiras pessoas de sucesso costumam compartilhar o dinheiro que têm. Elas aprenderam por experiência própria que a sensação de se doar – de fazer uma boa ação sem pensar na recompensa – é maravilhosa. E quanto mais você compartilha, mais motivação tem."

A aplicação que Stone fazia da Regra de Ouro não se limitava a pequenos gestos. Ele doou enormes quantias a muitas instituições e projetos de valor, inclusive a grupos diversos como American Indian Center, Boys and Girls Clubs of America, Ópera Lírica de Chicago,

Massachusetts Eye and Ear Infirmary, National Conference of Christians and Jews e Exército da Salvação.

Seu sucesso extraordinário lhe permitiu ser extremamente generoso, mas, por trás da generosidade, havia uma forma de pensar que certa vez o ouvi explicar de maneira muito simples. Alguém perguntou, brincando, se ele não tinha medo de que algumas pessoas que ele ajudava estivessem apenas interessadas em conseguir uns trocados a mais. Stone sorriu e disse: "Não tenho como saber se as pessoas que vêm até mim são oportunistas ou se foram enviadas pelo Senhor porque estavam mesmo precisando. Mas sempre ajo como se elas tivessem vindo porque Deus queria que eu as ajudasse. Acredito que nunca posso me negar a retribuir todos os favores que Ele me fez".

Talvez você não esteja em condições de ser tão generoso quanto gostaria. Mas pode dedicar o seu tempo, a sua boa vontade e o seu entusiasmo a quem lhe pedir (e mesmo a quem não pedir). Se tratar todas as pessoas que encontrar de maneira justa e honrada, pode ter certeza de que elas agirão da mesma forma com você.

Passo quatro: elimine todos os pensamentos negativos por meio de uma autoanálise

Todo mundo tem pensamentos negativos: é da natureza humana sentir medo e dúvida. Mas é da natureza das pessoas bem-sucedidas reconhecer esses pensamentos e combatê-los.

Não foi fácil para Stone entrar no ramo de seguros, que tanto sucesso lhe renderia na vida. Sua mãe havia acabado de comprar uma pequena agência em Detroit e deu ao filho apenas um dia para ler a apólice que eles vendiam antes de apontar para o enorme prédio de escritórios do outro lado da rua e dizer a Stone para começar a vender.

No primeiro dia, apesar das incontáveis tentativas, Stone vendeu apenas duas apólices. No segundo, vendeu quatro; no dia seguinte, seis. Ele aos poucos melhorava, mas ainda se pegava hesitando todas as manhãs quando chegava a hora de entrar no prédio. "Eu ainda não havia espantado o medo de abrir portas", e ele se lembra:

Mas, depois de raciocinar um pouco, pensei: "O sucesso é daqueles que tentam. Quando não há nada a perder tentando e muito a ganhar se der certo, por favor, tente".

Racionalmente, essas frases de estímulo me convenciam. Mas eu ainda tinha medo. Foi preciso então agir. Então, veio-me à mente outra frase: FAÇA AGORA!

Dessa forma, descobri que eu poderia me obrigar a desenvolver o hábito de agir. Ao sair de um escritório, eu corria para o próximo. Se cogitava hesitar, repetia para mim mesmo: "FAÇA AGORA!".

Quando eu entrava em um estabelecimento, ainda não me sentia à vontade. Mas logo aprendi a neutralizar meu medo de conversar com estranhos, controlando a minha voz. Eu falava alto e rápido, sempre mantendo um sorriso na voz, e usava modulação. Mais tarde, aprendi que essa técnica era baseada em um princípio psicológico muito sábio, proposto pelo professor William James, de Harvard: emoções, como o medo, não ficam sujeitas à razão, mas ficam imediatamente sujeitas à ação. Quando os pensamentos não neutralizam uma emoção indesejada, a ação neutraliza.

É o mesmo que eu fazia quando vendia jornais. Se você começar a agir e continuar tentando apesar do medo, a emoção negativa acabará sendo neutralizada.

É preciso coragem, resistência e garra para superar os medos. Esses são hábitos de ação e pensamento que podem ser aprendidos. E, ainda que você não reconheça, já tem o potencial da coragem, da resistência e da garra. Pois, ao usar qualquer um dos poderes potenciais que você tem, você passa a desenvolver o hábito de usá-lo. Como você sabe, a repetição leva ao hábito. E, ao desenvolver o hábito de determinar metas, sendo resistente, firme, corajoso, insistente e persistindo na tentativa de fechar vendas grandes, você acaba conseguindo fechar vendas grandes.

De fato, o poder da repetição ajuda em qualquer tarefa com a qual você se comprometa. A repetição programa a sua mente para superar obstáculos e contratempos e a não se martirizar com ideias deprimentes que entram de mansinho. Mesmo assim, até pessoas que vivem e trabalham em ambientes com forte AMP podem se pegar verbalizando um pensamento negativo.

Um dos jeitos mais fáceis de isso acontecer é quando você permite que uma ideia negativa tome a forma de uma reclamação sobre alguém. Pode parecer que você esteja pensando de maneira positiva, afinal de contas, você não está dizendo nada de ruim sobre *si mesmo*. Mas depreciar alguém, desprezando a forma como a pessoa trabalha ou qualquer outro aspecto sobre ela, é um sinal de uma atitude mental negativa, e você está apenas se enganando se acha que isso lhe fará algum bem.

Coordenando uma grande equipe de vendas, Stone sempre se encontrava em uma posição em que precisava escutar o que os funcionários tinham a dizer uns sobre os outros. Quando ele ouvia alguém começar uma frase cuja intenção era caluniar um colega de trabalho, ou mesmo apontar algum problema real, ele dizia: "PARE! Encontre cinco coisas positivas para falar sobre essa pessoa e então decida se você tem mais alguma coisa a dizer".

Essa técnica é poderosa, porque obriga a pessoa a olhar primeiro para o lado bom das coisas. Quase sempre, depois que a pessoa dizia as cinco coisas, o aspecto negativo parecia bastante irrelevante.

A mesma abordagem funciona quando você encontra um pensamento negativo que insiste em aparecer na sua mente. Procure cinco pensamentos positivos que se apliquem à mesma situação e você provavelmente não conseguirá nem se lembrar das queixas que tinha no começo.

Passo cinco: seja feliz! Faça outras pessoas felizes!

A felicidade é extremamente contagiante e atraente. Se você chega em uma festa e vê dois grupos de pessoas, um deles rindo e sorrindo e o outro grupo amuado e de cara feia, de qual você vai preferir se aproximar?

Se você se esforçar para ficar feliz, as pessoas ao seu redor ficarão felizes. É um princípio simples, mas que muitas pessoas se esquecem de usar. Também é fácil ficar feliz quando as coisas estão do jeito que você gostaria, mas é ainda mais importante ficar feliz quando a situação não é tão favorável.

Uma das histórias favoritas de Stone é sobre uma mulher conhecida como Vovó Nedrow. A Vovó Nedrow perdeu a visão já em idade avançada e, no início, ficou muito amargurada. Mas ela recorreu à sua AMP inata e tomou a decisão de aceitar a limitação física e mudar a única coisa que estava ao seu alcance: a sua atitude.

Uma das netas da Vovó Nedrow contou a Stone: "A vovó me incentivava a agradecer a Deus todas as noites pelas coisas boas que tinham acontecido naquele dia e, pela manhã, ao acordar, agradecer a Ele por todas as coisas boas da minha vida. Assim, eu começava o dia com uma sensação de bem-estar e contentamento, porque, em vez de me preocupar com as coisas que eu não poderia mudar, pensava ativamente nas coisas que eu não queria mudar: tudo que eu amava, as pessoas que me amavam, a sorte que eu tinha na vida. Enfim, sem saber o que era AMP, a vovó me ensinou a começar o dia, todos os dias, com uma Atitude Mental Positiva".

Stone sabia como a felicidade ou a infelicidade podiam afetar todos os aspectos da vida de uma pessoa. Ele contava a seguinte história:

Usei o exemplo da Vovó Nedrow para ajudar um jovem gerente comercial de muito sucesso a resolver um problema. Ele não era cego nem tinha problemas de saúde e ganhava muito dinheiro. A maioria das pessoas poderia supor que ele tinha tudo que alguém iria querer na vida. E tinha mesmo! Mas o problema é que ele era infeliz, sem saber ao certo o porquê.

Depois de uma longa conversa com ele, foi fácil entender que a sua infelicidade era causada pelos conflitos que ele criava com outras pessoas. Como gerente comercial, ele era sensível às possíveis reações dos seus clientes potenciais. Assim, atraía clientes. Mas, socialmente e com seus funcionários, ele era *insensível*. Sempre parecia surpreso com qualquer reação adversa que recebesse ao falar com as pessoas de forma agressiva e inconsequente. As pessoas não gostavam. Ele as repelia.

Eu lhe contei a história da Vovó Nedrow, para mostrar como a vida dele poderia mudar se ele modificasse a atitude. Eu disse: "Você é um grande vendedor! Imagine que pode despertar a boa vontade dos seus colaboradores, funcionários e pessoas do seu círculo social se conseguir mudar a sua atitude, sendo mais positivo. Ao menos seja mais cuidadoso com o que diz e com a forma como diz".

A princípio, ele ficou na defensiva, uma reação esperada de quem é insensível com os outros, mas ele estava mais interessado em resolver o problema do que em justificar o próprio comportamento. Ele queria mesmo se ajudar. Ele perguntou: "O que você me recomenda?".

"Use a autossugestão", falei. "Repita cinquenta vezes de manhã e cinquenta vezes à noite por uma semana ou dez dias, com concentração e sentimento:

○ Faça aos outros o que você gostaria que fizessem a você.
○ Não faça ou diga aos outros o que você não gostaria que fizessem ou dissessem a você.

"Você é inteligente, consegue se vender dizendo a coisa certa no momento certo, sendo mais atencioso com o sentimento dos outros."

Em pouco tempo, coisas maravilhosas começaram a acontecer. Seus colaboradores, funcionários e amigos notaram uma mudança. Mas, acima de tudo, ele passou a ser positivo – simplesmente porque mudou de atitude.

É claro, o conselho de Stone talvez não tivesse tido um efeito tão poderoso se ele mesmo não fosse uma pessoa tão extrovertida e feliz. Mas isso só ilustra um dos grandes benefícios da felicidade: você passa a ter o poder de melhorar a vida das outras pessoas por meio da sua influência.

Passo seis: crie o hábito da tolerância

Uma atitude mental positiva lhe dá a flexibilidade de que você precisa para se dar bem e trabalhar com pessoas cujas visões são diferentes das suas. Na nossa sociedade moderna, não faltam problemas sobre os quais as pessoas podem discordar profundamente, mas isso não significa que não possamos nos respeitar o suficiente para encontrar uma causa em comum quando há muita coisa em jogo, ou simplesmente para entender o que há por trás das nossas diferenças.

Você encontrará com frequência pessoas cujas ideias divergem das suas. Se você as eliminar da sua lista de amigos e aliados, quem sairá prejudicado será você, pois acabará estreitando o seu mundo. Talvez o motivo mais comum de atrito entre as pessoas seja o fato de vermos a diferença de opinião como uma rejeição das ideias em que acreditamos e, consequentemente, de nós mesmos.

Stone gosta de evocar a história de uma jovem vendedora incrivelmente motivada que fez contato com o dono de uma loja de sapatos com o objetivo de vender um seguro para ele. Ela estava acompanhada do seu gerente comercial, então o risco era maior, pois ela queria causar uma boa impressão no chefe.

O dono da loja não estava interessado em comprar o seguro e disse isso claramente. Em um ataque de raiva, a vendedora disse: "Eu nunca entraria na sua loja para comprar um par de sapatos!".

A reação dela foi compreensível, mas também desagradável e certamente nada produtiva. Assim que eles saíram da loja, o gerente comentou que o dono da loja tinha tido a delicadeza de lhe conceder um pouco de seu tempo, e por isso ela deveria ser grata. Mas preferiu deixar que a rejeição do produto afetasse a sua atitude, impossibilitando qualquer futuro contato. Na verdade, era bem provável que o dono da loja ficasse muito mais cauteloso ao receber qualquer vendedor depois daquela experiência.

Esse é o efeito ampliado que as reações intolerantes podem causar: ambas as partes acabam construindo barreiras. Como Stone diz: "Se você se magoa facilmente, então sempre magoará os outros. Os seus pensamentos negativos intensificam as forças negativas ao mudar a direção do pensamento dos outros. Elas alinham o seu pensamento com a sua própria atitude negativa. Se você nunca ou quase nunca se magoa, então é seguro apostar que é uma pessoa positiva e otimista que entende profundamente os sentimentos das pessoas e, assim, canalizará a reação delas na mesma direção".

Stone também lembra: "Aprendi uma coisa há muitos anos, sentado em minha mesa, quando os vendedores vinham conversar comigo, nervosos, sobre alguma coisa, qualquer coisa. Eu dizia a mim mesmo 'paciência, paciência, paciência' e não reagia de forma a confrontar a raiva deles. Em pouco tempo, eles mudavam de atitude. Porque quanto mais eles falavam, mais percebiam que estavam errados. E quando se aquietavam, eu conseguia falar com eles com a voz tranquila, e assim podíamos resolver o problema. Se a outra pessoa está nervosa, você não quer ficar nervoso também. Você quer controlar a situação".

Stone era um homem de convicções fortes. Era um membro muito ativo do Partido Republicano. Embora trabalhasse com afinco para apoiar as causas em que acreditava, não deixava que aparentes diferenças o impedissem de formar alianças com pessoas mesmo quando não havia nenhum interesse em comum. Não é surpreendente que ele tenha apoiado o reverendo Jesse Jackson na Operação PUSH? Não deveria ser. Stone admirava Jackson, pois ele incentivava trabalhadores afro-americanos a dar duro e buscar a excelência, além de dirigir uma fundação privada que oferecia serviços de gestão organizacional e experiência em captação de fundos para a Operação PUSH.

É esse o tipo de ponte que a tolerância constrói. Em vez de se enxergar como um republicano branco e conservador e ver Jackson como um democrata negro e liberal, Stone via que os dois tinham em comum a missão de inspirar as pessoas a melhorarem. Esses dois líderes podiam discordar mais do que concordar, mas muitas pessoas hoje estão em uma situação melhor porque eles ignoraram as diferenças e trabalharam juntos.

Caso você se veja em meio a desavenças com alguém, use o exemplo de Stone para lidar com as queixas que chegam a você. Obrigue-se a fazer uma lista de cinco coisas positivas sobre a pessoa com quem você está tendo problemas. E então pergunte-se se essas cinco coisas não são suficientes para encontrar um jeito de vocês trabalharem juntos, em benefício mútuo. É disso que você precisa para fazer da tolerância um dos seus hábitos de AMP.

Passo sete: faça a si mesmo sugestões positivas

Se você fosse apresentado a W. Clement Stone e perguntasse, ao lhe estender a mão, "Como você está?", sei exatamente o que ele responderia.

"ESTOU SAUDÁVEL! ESTOU FELIZ! ESTOU INCRÍVEL!" E as palavras sairiam com toda a energia e empolgação que essas letras maiúsculas transmitem.

Stone sempre teve o hábito de se fazer sugestões positivas. Depois de uma vida inteira vivendo com AMP, ele a reforçava todos os dias – e todas as noites – a cada oportunidade. "Antes de me deitar", Stone diz, "me ajoelho e rezo para ter um sono profundo e restaurador e acordar de manhã cheio de energia, vida e vitalidade, e para que, se eu sonhar, que seja um sonho lindo que me leve na direção do meu objetivo."

Reverberando as palavras de Napoleon Hill, Stone nos lembra: "Tudo que a mente pode conceber e acreditar, ela pode conquistar com AMP. Manifestamos na realidade física os pensamentos e as atitudes que mantemos em nossa mente. Manifestamos pensamentos de pobreza e fracasso em realidade com a mesma rapidez com que nos revestimos de pensamentos de riqueza e sucesso. Quando a nossa atitude conosco é grandiosa e a nossa atitude com os outros é generosa e compassiva, atraímos uma boa e generosa dose de sucesso para nós mesmos".

Esse é outro exemplo de como as frases de incentivo pessoal exercem um papel importante. Elas podem surgir na sua mente em momentos de necessidade – por exemplo, quando você deseja eliminar ou neutralizar o medo, enfrentar os problemas com mais coragem, transformar desvantagens em vantagens, buscar conquistas ainda mais grandiosas, resolver problemas sérios ou controlar as suas emoções.

Stone costuma repetir essas frases de incentivo pessoal em voz alta para torná-las mais poderosas e faz questão de que as pessoas as ouçam porque quer difundir o efeito delas. Og Mandino, autor do *best-seller O maior vendedor do mundo*, foi editor da revista *Success Unlimited*, que Stone e Napoleon Hill fundaram juntos. Ele era um escritor apaixonado e inspirado, mas sua inexperiência com as questões de produção causou alguns problemas no início. Em certa ocasião, depois de um erro que saiu caro, Mandino percebeu que a culpa era dele e foi procurar Stone para contar o que havia acontecido.

"Og, isso é fantástico", Stone respondeu, mais interessado no fato de que Mandino sabia que havia aprendido uma lição importante do que no dinheiro que eles haviam perdido por causa do erro. Ele teve certeza de que Mandino nunca mais cometeria o mesmo erro e de que estaria mais preparado para evitar outros erros, pois tinha entendido o que ainda precisava aprender.

Quando você dá a si mesmo uma sugestão positiva diante de uma adversidade, está dando o primeiro passo para entender o poder daquela frase de incentivo que diz: *"Em cada adversidade há a semente de um benefício maior ou equivalente para quem tem AMP!"*. Stone observa: "Tenho tanta sorte, pois tenho tantos problemas que outras pessoas acreditariam serem insolúveis. Mas, com a minha AMP e foco nos meus objetivos, tenho sorte porque consigo transformar esses problemas em vantagens".

Stone certa vez visitou um centro para adolescentes problemáticos no Bronx, onde ele conversou com um grupo de garotas que tinham acabado de passar por um programa de treinamento profissional de seis meses. As garotas estavam animadas e nervosas. Nenhuma delas havia trabalhado antes ou sequer feito uma entrevista de emprego.

Stone lhes contou a história de como ele havia começado vendendo jornais e como a AMP ajudara no seu sucesso. Ele disse que, se as garotas aprendessem a usar a AMP, conseguiriam conquistar o emprego que quisessem. "Mesmo se vocês não conseguirem na primeira tentativa, uma Atitude Mental Positiva permitirá que vocês transformem a decepção em uma experiência positiva", ele disse.

"Como é que não conseguir um emprego pode ser uma experiência positiva?", uma das garotas quis saber.

"Pode ser uma experiência muito positiva, pois você terá passado por uma entrevista de emprego", Stone respondeu. "Da próxima vez, já saberá o que esperar. Você estará menos nervosa. E se cometer erros, poderá aprender com eles. E das próximas vezes, dará o seu melhor, *e o seu melhor será suficiente*. Você saberá que, se uma empresa não a contratar, outra empresa contratará."

Quando Stone saiu da sala, as garotas estavam gritando animadas "Eu consigo!", "Faça AGORA!" e "Eu sou saudável! Eu sou feliz! Eu sou incrível!". E, em pouco tempo, embora nem sempre na primeira entrevista, todas elas estavam empregadas.

Não existe nada de falso ou piegas em fazer sugestões positivas a si mesmo. E se você não fizer, quem fará?

Passo oito: use o poder da oração

Você provavelmente notou que várias das histórias mencionadas demonstram o uso da oração. A oração é uma expressão muito concentrada da AMP, que oferece diversos benefícios.

Stone muitas vezes enalteceu uma frase de Sir James Mackintosh que descreve uma atitude importante que você deve levar para as suas orações: "É certo sentir-se satisfeito com o que temos, mas nunca com o que somos".

Estar satisfeito com o que você tem não significa que precisa parar de lutar para ter coisas melhores. Mas significa que você reconhece e é grato por tudo que há de bom na sua vida. Tomar consciência dessas coisas boas significa que você dá valor a tudo que tem. Se costuma agradecer pelo seu relacionamento amoroso, pela sua boa saúde ou pelas suas boas amizades, você evita o risco de não dar o devido valor para todas essas coisas e, consequentemente, negligenciá-las.

É por isso que Stone nunca inicia uma reunião, dá uma palestra ou toma uma decisão importante sem antes fazer uma oração intensa. A oração o conecta às coisas que mais lhe importam. Não é o dinheiro, mas as qualidades humanas e as pessoas que ele valoriza. A oração o ajuda a conduzir seus negócios e sua vida pessoal respeitando os princípios que ele tanto preza, para que, quando precise tomar uma decisão, seja sempre de acordo com as coisas que mais importam para ele.

Muitas das decisões aparentemente difíceis que enfrentamos passam por uma escolha entre duas coisas que valorizamos, como uma oportunidade de negócio e segurança financeira imediata. Se você ora de coração, tendo em mente os seus princípios e a sua situação, descobrirá que terá condições de entender se está pronto para dar aquele passo ou se precisa trabalhar mais um pouco antes de assumir um risco. Lembre-se, uma Atitude Mental Positiva não é uma postura de se atirar cegamente a qualquer custo em tudo na vida. Como Stone disse: "Uma Atitude Mental Positiva é o pensamento, a ação ou a reação CORRETA a determinada situação ou conjunto de circunstâncias". Às vezes, isso significa esperar para dar um passo até estar pronto para ele.

A oração é um meio surpreendentemente eficaz de identificar e começar a trabalhar naquelas áreas da sua vida em que você precisa fazer mudanças. Lembre-se das palavras de Mackintosh: "É certo sentir-se satisfeito com o que temos, mas nunca com o que somos".

Stone diz: "Sabemos que nunca atingiremos a perfeição nesta vida, mas também sabemos que só chegaremos mais perto da perfeição se nos esforçarmos. Apenas aqueles que sentem aquela insatisfação inspiradora – com AMP – podem mudar o mundo deles e o nosso e criar um lugar melhor para eles e para os outros".

Em outro momento, Stone certa vez comentou: "Muitas pessoas oram para agradecer, e isso é bom, mas há muitos anos decidi que não basta. Se você realmente quer agradecer o Senhor, prove dando um pouco do seu tempo, da sua experiência, do seu dinheiro. Como um lavrador, plante algumas sementes esperando a colheita".

Em outras palavras, tão importante quanto orar é agir de acordo com as suas orações. Se você ora pedindo coragem, precisa se comportar como se a coragem já lhe tivesse sido concedida. Se ora pedindo oportunidades, precisa aproveitá-las quando elas surgirem. E, igualmente importante, precisa demonstrar a sua gratidão pelas bênçãos que recebeu, compartilhando-as com os outros.

Stone sempre fez isso, fosse por meio da sua generosidade com instituições de caridade ou com pessoas, fosse por sua determinação de compartilhar a AMP com o máximo possível de pessoas. Ele já era profundamente convicto do poder de uma atitude mental positiva quando um amigo lhe emprestou uma cópia do livro *Quem pensa enriquece*, de Napoleon Hill. Stone ficou tão impressionado com a forma como Hill apresentava suas ideias que imediatamente encomendou uma cópia do livro para cada um dos seus representantes de vendas.

"BINGO!", Stone se lembra, "acertei em cheio. Coisas fantásticas começaram a acontecer... muitos dos meus vendedores se tornaram supervendedores. Os lucros e as vendas aumentaram. A atitude deles mudou de negativa para positiva."

Mas foi só quinze anos depois que Stone descobriu uma forma de compartilhar de fato as bênçãos da AMP. Um amigo o convidou para um evento em que Napoleon Hill faria uma palestra. Embora Hill já estivesse aposentado havia muito tempo, ele concordou em ir a Chicago e fazer uma palestra impactante. Depois do almoço, Hill e Stone começaram a conversar, e Stone implorou que Hill largasse a aposentadoria para continuar palestrando e escrevendo sobre a AMP.

"Eu aceito, sob uma condição", Hill respondeu. "Que você seja o meu gerente-geral."

E então os dois formaram uma aliança que duraria mais uma década, criando filmes, cursos para estudo autodidático, programas para detentos e um livro escrito em conjunto. Eles ajudaram milhares de pessoas a aplicar a AMP.

Essa história é um exemplo perfeito da disposição de demonstrar gratidão pelas bênçãos que você reconhece com as suas orações diárias. Como diz Stone:

Eu sentia que minhas bênçãos iam muito além do que qualquer pessoa merecia ou poderia esperar. Eu sabia que podia orar para agradecer, como faço. Mas também senti que poderia colaborar com o trabalho do Senhor na Terra, compartilhando essas bênçãos com os menos afortunados.

Muitos de nós agradecem em orações pela manhã, ou à noite, ou em momentos de graça. O que aconteceria se, em vez de simplesmente orarmos, agíssemos, compartilhando as bênçãos que recebemos, seja por meio de experiência, conhecimento, ideais, seja com parte da nossa riqueza?

Tudo que quero é mudar o mundo. Só isso. Será que é possível? Já está acontecendo.

Passo nove: defina metas

Ao longo deste livro, você leu repetidas vezes que a AMP não é apenas uma atitude, mas também as *ações* em que você aplica a sua atitude. O passo mais importante para colocar a AMP em prática é traçar objetivos. Caso contrário, será como construir um motor enorme e potente e esquecer de colocá-lo em um carro: toda a potência que poderia estar à sua disposição não serve de nada.

Stone diz: "Uma Atitude Mental Positiva, combinada com um propósito bem definido – a escolha de um objetivo específico –, é o ponto de partida para o sucesso. O seu mundo mudará, queira você ou não. Mas você tem o poder de decidir em qual direção ele mudará. Você pode escolher as suas próprias metas".

Tendo passado muito tempo de sua carreira treinando vendedores, Stone acredita:

Noventa e oito a cada cem pessoas que estão insatisfeitas com o mundo não têm uma visão mental clara do que gostariam.

Pense nisso! Pense nas pessoas que vagam sem rumo pela vida, descontentes, lutando contra tantas coisas, mas sem um objetivo bem definido. Determinar um objetivo pode não ser fácil. Pode exigir uma autoanálise dolorosa. Mas o esforço vale a pena, pois, assim que você consegue apontar um objetivo, pode esperar desfrutar de inúmeras vantagens. Essas vantagens vêm quase automaticamente[...]

Quando você sabe o que quer, a tendência é tomar o rumo certo e caminhar na direção exata. Você começa a agir. "Ação" é a palavra-chave, pois informações e ideias sem ação permanecem adormecidas enquanto não forem aplicadas.

Você se sente motivado a pagar o preço para chegar ao seu objetivo. Você calcula o tempo e o dinheiro. Estuda, pensa e planeja com regularidade, de preferência diariamente, aprendendo a reconhecer os princípios que o ajudarão a realizar seus objetivos, para então aplicá-los[...]

Quanto mais você pensa nos seus objetivos, mais animado fica. E com essa animação, o seu desejo se transforma em um desejo *ardente*. Você passa a prestar atenção nas oportunidades que aparecem na vida diária. Pois, como sabe o que quer, fica mais fácil reconhecer essas oportunidades.

Stone usou a estratégia de definir metas ao longo de toda a sua história de sucesso. Mas talvez essa estratégia nunca tenha sido tão importante quanto quando o fracasso ameaçou não apenas os seus negócios, mas também toda a economia norte-americana.

Quando a Grande Depressão assolou o país, a empresa de seguros de Stone estava indo de vento em popa. Mas, depois de alguns anos de desemprego acentuado, as vendas de apólices caíram drasticamente. Muitos dos seus vendedores simplesmente desistiram, porque sentiam que não estavam ganhando bem o suficiente.

Stone reagiu traçando quatro objetivos para si mesmo:

1. Obter a renda mais alta possível por meio das minhas vendas pessoais.
2. Continuar contratando novos vendedores.
3. *Capacitar* novos vendedores e aqueles que já trabalhavam com ele para que se saíssem tão bem ou melhor do que ele próprio.
4. Desenvolver um sistema de registro de produção e vendas que informasse como estava a situação da sua empresa nos outros lugares do país.

Eram metas ambiciosas, sobretudo em um momento em que muitas empresas estavam falindo e as pessoas se perguntavam se os Estados Unidos um dia voltariam a ter o mesmo nível de prosperidade que tinham até poucos anos antes.

Stone contratou Rand McNally para criar o sistema de registro de vendas, mas os outros três objetivos dependiam apenas dele. Então saiu de carro, vendendo pelo país, visitando seus vendedores e participando de visitas comerciais com eles, ensinando-lhes o seu método de vendas. Durante as viagens, contratava vendedores em novas localidades e passava um dia com cada um, entregando as comissões das vendas daquele dia ao novo representante, para gerar entusiasmo e impulsionar a AMP.

Os negócios de Stone ficaram no azul e começaram a crescer novamente. Ele e seus vendedores estavam ganhando muito mais do que várias pessoas durante a Depressão. Se ele tivesse ficado em Chicago, preocupado com os credores e as perdas na equipe comercial, aquilo nunca teria acontecido.

Você se verá definindo metas de curto e de longo prazos. O segredo em ambos os casos é sempre seguir adiante, com ações confiantes que acabarão se transformando em realidade. Não se contente com pouco.

Passo dez: estude, pense e planeje diariamente

W. Clement Stone toma banhos de banheira, e não de chuveiro. O chuveiro pode ser mais rápido, e os ricos são pessoas ocupadas, mas todas as manhãs Stone enche sua banheira de mármore com água fumegante e estica o corpo para relaxar. "Esse é um bom momento para me dedicar a pensar", ele diz.

Motivado pela AMP e por um desejo ardente de conquistar os seus objetivos, você pode cometer o erro de achar que precisa estar sempre fazendo, fazendo, fazendo. Concentrar-se em ações em busca do sucesso é uma atitude nobre, mas você também precisa tirar um tempo para compromissos mais contemplativos.

"Uma pequena gota de tinta faz milhares, talvez milhões de pessoas… pensarem", escreveu Lord Byron no poema épico *Don Juan*. E a inspiração para novos pensamentos que vem com a leitura e o estudo será importante para você cultivar uma AMP. Você se sentirá estimulado com novas ideias e se lembrará de outras que pode ter esquecido.

Ao longo dos anos, Stone sempre recomendou com muito entusiasmo livros que ele lia, não apenas títulos motivacionais como *Quem pensa enriquece*, mas também obras sobre história, análise social e ficção. É assim que funciona uma mente ativa que está sempre tentando assimilar e relacionar novas ideias que pode vir a aplicar. É um hábito que mantém a mente flexível e aguçada.

Quero dar um exemplo de como isso vale a pena. Eu era adolescente e trabalhava como recepcionista na sala de correspondência no escritório de Stone, quando decidi apresentar uma ideia para ele. Como *hobby*, eu tinha feito diversos trabalhos de áudio e vídeo e acreditava que vídeos e áudios com as palestras de Stone poderiam ser uma excelente ferramenta para os vendedores atuarem nas ruas.

Apesar da zombaria de alguns colegas que achavam que eu estava arriscando o emprego ao escrever para o presidente da empresa, enviei um memorando a Stone apontando os benefícios da minha ideia. Uma hora depois de receber o comunicado, Stone me chamou no seu escritório. "Prazer em conhecê-lo, Ritt", um colega me disse. "Divirta-se na fila na agência de empregos."

Mas assim que sua secretária o informou que eu estava esperando do lado de fora da sua sala, Stone apareceu na porta, segurou minha mão e disse: "Que ideia excelente! Quero saber mais". E, naquela mesma tarde, já estávamos comprando equipamentos e abrindo um novo departamento na empresa. As técnicas que usamos se tornaram banais hoje, mas eram revolucionárias naquela época, e Stone as adotou com entusiasmo porque tinha a mente treinada para ser flexível e positivo.

Em 1979, W. Clement Stone, já aos 77 anos, contou em uma entrevista à revista *Chicago*: "Vou passar dos 87 anos, disso tenho certeza. Você pode prolongar a sua vida com uma AMP". Pode ter parecido uma afirmação arrogante à época, mas hoje sabemos que foi uma afirmação modesta

Ninguém que conheci ou com quem trabalhei personifica melhor os princípios de uma Atitude Mental Positiva do que W. Clement Stone. Ele inspirou milhares e milhares de pessoas, inclusive a mim, a melhorar de vida. Ele é um grande homem, que se dedicou a ajudar as pessoas, e o resultado disso foi um sucesso tremendo que ele pôde aproveitar.

Eu trouxe aqui relances de sua vida, não como um tributo, mas como uma forma prática de mostrar como a AMP pode ser de fato aplicada a tudo que você fizer. E como ela o ajudará imensamente, esteja você vendendo jornais, ensinando valores morais aos filhos ou administrando a própria empresa.

Aonde você chegará com a AMP só depende de você. Mas você pode traçar um objetivo e realizá-lo. Basta mudar uma única coisa na sua vida: *melhorar a sua atitude diante de todos e de tudo na vida.*

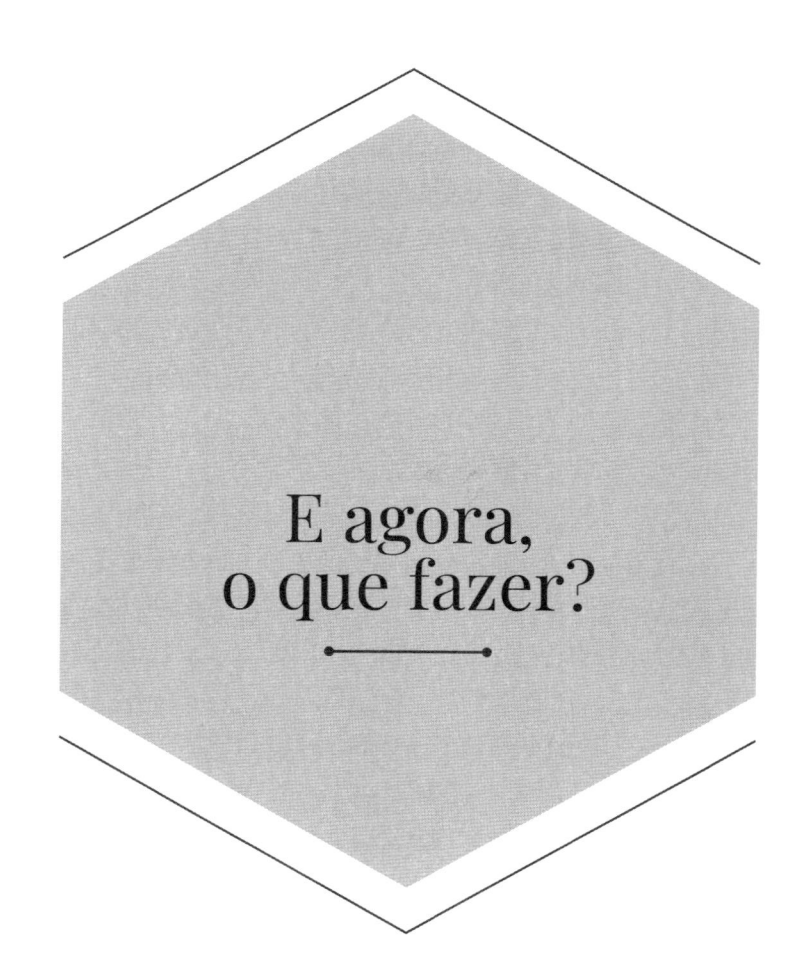

E agora,
o que fazer?

Parabéns! Você conseguiu! Ao ler este livro sobre AMP, as suas forças mentais já começaram a trabalhar para você. Se está pensando em sua própria Atitude Mental Positiva e no que ela fará por você, verá uma melhoria imediata. E as outras pessoas notarão a diferença: você verá que elas agirão com mais respeito ao perceberem que você é uma pessoa no comando da própria vida, que controla os seus sentimentos e as suas atitudes.

Um fato deve ter chamado a sua atenção durante a leitura dos dez passos: o modo como eles se integram. Os passos se entrelaçam uns com os outros, compondo um tecido chamado AMP. Comece a usar a AMP hoje, todos os dias, de todas as formas.

E agora, o que fazer? Você viverá uma vida com poder e propósito. Uma vida com a satisfação e a graça que vêm de uma Atitude Mental Positiva. Boa viagem!

VIVA A VIDA COM AMP: É INCRÍVEL!

Leituras complementares

Os conceitos, as técnicas e as sugestões apresentados neste livro são apenas a ponta do *iceberg*. Para uma compreensão profunda dos princípios do sucesso, leia, estude e aplique os princípios descritos nos materiais a seguir:

Bertice Berry. *Bertice: The World According to Me*. Scribner's. 1996.

Da infância pobre ao sucesso e à fama, Berry conta sua história de vida com inspiração incrível e muita fé em Deus.

Dennis Conner com Edward Claflin. *The Art of Winning*. St. Martin's Press. 1988.

Conner mostra como usou seus poderes motivacionais em todas as áreas da vida.

Stephen R. Covey. *Os 7 hábitos das pessoas altamente eficientes*.

Assim como Napoleon Hill, Covey usa exemplos de pessoas extremamente bem-sucedidas para mostrar como elas resolvem problemas e aproveitam oportunidades.

Dennis Kimbro e Napoleon Hill. *Think and Grow Rich: A Black Choice*. Ballantine Books. 1987.

Recheado de exemplos de afro-americanos que aplicaram os princípios do sucesso em suas vidas.

Napoleon Hill. *Napoleon Hill's Keys to Success*. Dutton. 1994.

Planos passo a passo para desenvolver e aplicar todos os princípios da realização.

Napoleon Hill. *Quem pensa enriquece.*

Um clássico sobre sucesso, leitura obrigatória para todos que desejam seriamente realizar os seus desejos mais profundos.

Napoleon Hill. *Napoleon Hill's Positive Action Plan*. Plume. 1997.

Meditações diárias para cultivar uma atitude positiva e de sucesso.

Napoleon Hill e W. Clement Stone. *Atitude mental positiva.*

Essa iniciativa conjunta de Hill e Stone é *a* obra para desenvolver uma compreensão profunda sobre os princípios da realização.

Susan Jeffers. *Feel the Fear and Do It Anyway*. Fawcett Books. 1987.

Técnicas dinâmicas para superar as dúvidas e conseguir ser feliz.

David McCullough. *Truman*. Fireside Books. 1996.

A biografia do fazendeiro que se tornou presidente dos Estados Unidos é uma homenagem a um homem que acreditava no trabalho duro e em responsabilidades.

Bill Sands. *My Shadow Ran Fast*. The Napoleon Hill Foundation. 1995.

A história inspiradora de um criminoso condenado que mudou de vida ao mudar de atitude e estabelecer objetivos dignos.

W. Clement Stone. *The Success System that Never Fails*. Pocket Books. 1980.

Uma análise sobre a fórmula que Stone desenvolveu para inspirar a AMP entre seus vendedores.

Terrie Williams e Joe Cooney. *The Personal Touch*. Warner Books. 1994.

A filosofia de Williams para lidar com pessoas fez dela uma das publicitárias mais concorridas do mundo.

Norman Vincent Peale. *My Favorite Quotations*. Harper Collins. 1990.

Uma coleção edificante de dizeres de pessoas inspiradoras.

THE NAPOLEON HILL FOUNDATION

What the mind can conceive and believe, the mind can achieve

O Grupo MasterMind – Treinamentos de Alta Performance
é a única empresa autorizada pela Fundação Napoleon Hill
a usar sua metodologia em cursos, palestras, seminários e
treinamentos no Brasil e demais países de língua portuguesa.

Mais informações:
www.mastermind.com.br

MasterMind®
Treinamentos de alta performance

CITADEL
Grupo Editorial

Livros para mudar o mundo. O seu mundo.

Para conhecer os nossos próximos lançamentos
e títulos disponíveis, acesse:

🌐 www.**citadel**.com.br

f /**citadeleditora**

📷 @**citadeleditora**

🐦 @**citadeleditora**

▶ Citadel – Grupo Editorial

Para mais informações ou dúvidas sobre a obra,
entre em contato conosco por e-mail:

✉ contato@**citadel**.com.br